環地福分類字課圖說

檢索手冊

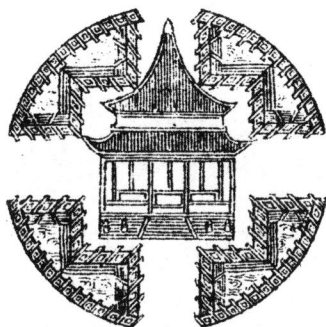

目 录

汉字部首检字表 1

　部首目录 1

　检字表 4

　难检字笔画索引 36

音序表 38

汉字部首检字表

1、本表采用的部首依据《汉字部首表》，共 200 部；归部依据《GB13000.1 字符集汉字部首归部规范》；编排次序依据《GB130000.1 字符集汉字笔顺规范》和《GB13000.1 字符集汉字字序（笔画序）规范》，按笔画数由少到多的次序排列，笔画数相同的，按起笔笔形横（一）、竖（丨）、撇（丿）、点（丶）、折（乛）的次序排列，起笔笔形相同的，按第二笔笔形的次序排列，以此类推。

2、在《部首目录》中，主部首的左边标有部首序号；附形部首大多加圆括号单立，其左边的部首序号加有方括号。

3、在《检字表》中，繁体字和异体字加有圆括号；同部首的字按除去部首笔画数排列，笔画数相同的，按整个字的笔形次序排列。

4、查字时，需先在《部首目录》里查出待查字所属部首的页码，然后再查《检字表》。

5、为方便读者查检，《检字表》中有些字采取"多开门"的方式分别收在所属规定部首和传统习用部首之下。

6、《检字表》后面另有《难检字笔画索引》备查。

部首目录

（部首左边的号码是部首序号；右边的号码指检字表的页码）

一画		二画		9 卜	6	[12] （入）	8
1 一	4	6 十	6	10 冂	6	[22] （冫）	9
2 丨	4	7 厂	6	[12] （亻）	7	[10] （冂）	6
3 丿	5	8 匚	6	[7] （厂）	6	13 勹	8
4 丶	5	[9] （卜）	6	11 八	6	[16] （几）	8
5 乛 （乛乁乙）	5	[22] （刂）	9	12 人	7	14 儿	8

15	匕	8
16	几	8
17	亠	8
18	冫	8
[11]	丶	7
19	冖	9
[166]	讠	32
20	凵	9
21	卩	9
[175]	(阝左)	33
[159]	(阝右)	31
22	刀	9
23	力	9
24	又	9
25	厶	9
26	廴	10
[21]	(巳)	9

三画

27	干	10
28	工	10
29	土	10
[29]	(士)	10
[80]	(扌)	22
30	艹	10
31	寸	11
32	廾	11
33	大	11
[34]	(兀)	12
34	尢	12
35	弋	12
36	小	12
[36]	⺌	12
37	口	12
38	囗	13
39	山	13
40	巾	13
41	彳	13
42	彡	13

[66]	(犭)	18
43	夕	13
44	夂	13
[185]	(饣)	34
45	斗	14
46	广	14
47	门	14
[77]	(氵)	20
[98]	(忄)	24
48	宀	14
49	辶	15
50	彐	15
[50]	(⺕)	15
51	尸	15
52	己	15
[52]	(巳)	15
[52]	(已)	15
53	弓	15
54	子	15
55	屮	16
[55]	(屮)	16
56	女	16
57	飞	16
58	马	16
[50]	(彑)	15
[148]	(纟)	30
59	幺	16
60	巛	16

四画

61	王	16
62	无	17
63	韦	17
[123]	(耂)	27
64	木	17
[64]	(朩)	18
65	支	18
66	犬	18
67	歹	18

68	车 (車)	18
69	牙	18
70	戈	18
[62]	(旡)	17
71	比	19
72	瓦	19
73	止	19
74	攴	19
[98]	(⺗)	24
[75]	(曰)	19
75	日(日)	19
[88]	(月)	22
76	贝	19
77	水	20
78	见	21
79	牛 (牜)	21
80	手	21
[80]	(龵)	22
81	气	22
82	毛	22
[74]	(攵)	19
83	长	22
84	片	22
85	斤	22
86	爪	22
87	父	22
[34]	(尢)	12
[86]	(爫)	22
88	月	22
89	氏	23
90	欠	23
91	风	23
92	殳	23
93	文	23
94	方	23
95	火	23
96	斗	24
[95]	(灬)	23
97	户	24

[100]	(衤)	24
98	心	24
[145]	(聿)	30
[45]	(爿)	14
99	毋	24

五画

[61]	(玉)	17
100	示	24
101	甘	25
102	石	25
103	龙	25
[67]	(歺)	18
[77]	氺	21
104	业	25
105	目	25
106	田	25
107	罒	25
108	皿	25
[176]	(钅)	33
109	生	26
110	矢	26
111	禾	26
112	白	26
113	瓜	26
114	鸟	26
115	疒	27
116	立	27
117	穴	27
[142]	(衤)	29
[145]	(聿)	30
[118]	(疋)	27
118	疋	27
119	皮	27
120	癶	27
121	矛	27
[99]	(母)	24

六画

122	耒	27
123	老	27
124	耳	27
125	臣	27
126	覀(西)	28
127	而	28
128	页	28
129	至	28
130	虍	28
131	虫	28
132	肉	28
133	缶	28
134	舌	28
135	竹(⺮)	23
136	臼	29
137	自	29
138	血	29
139	舟	29
140	色	29
141	齐	29
142	衣	29
143	羊	29
[143]	(⺷)	29
[143]	(⺶)	29
144	米	30
145	聿	30

[145]	(⺻)	30
146	艮	30
147	羽	30
148	糸	30
[148]	(糹)	30

七画

149	麦	31
[83]	(镸)	22
150	走	31
151	赤	31
[68]	(車)	18
152	豆	31
153	酉	31
154	辰	31
155	豕	31
156	卤	31
[76]	(貝)	19
[78]	(見)	21
157	里	31
[158]	(⻊)	31
158	足	31
159	邑	31
160	身	32
161	釆	32
162	谷	32
163	豸	32

164	龟	32
165	角	32
166	言	32
167	辛	32

八画

168	青	32
[83]	(長)	22
169	卓	32
170	雨(⻗)	33
171	非	33
172	齿	33
[130]	(虎)	28
173	黾	33
174	隹	33
175	阜	33
176	金	33
[185]	(飠)	34
177	鱼	34
178	隶	34

九画

179	革	34
180	面	34
181	韭	34
182	骨	34
183	香	34

184	鬼	34
185	食	34
186	音	34
187	首	34

十画

188	髟	34
189	鬲	34
190	鬥	34
191	高	34

十一画

192	黄	34
193	麻	34
194	鹿	35

十二画

195	鼎	35
196	黑	35
197	黍	35

十三画

198	鼓	35
199	鼠	35

十四画

200	鼻	35

检字表

（字右边的卷次页码指其所在本书正文的页码；带圆括号的字是该字繁体字或异体字）

1　一部

一　　　卷七　13

一画

丁　　　卷一　8
七　　　卷七　13
二　　　卷七　13

二画

三　　　卷七　13
干（幹）卷一　8
才　　　卷七　3
亏（虧）卷八　27
下　　　卷一　10
丈　　　卷四　22
万（萬）卷七　14
与（與）卷七　31

三画

丰（豐）卷八　24
扑（撲）卷三　23
开（開）卷八　22
井　　　卷二　4
天　　　卷一　1
元　　　卷二　34
夫　　　卷三　4
无（無）卷八　32
廿　　　卷七　15
五　　　卷七　13
卅　　　卷七　15
不　　　卷八　30

丑（醜）卷一　9
牙　　　卷四　2
长（長）卷八　23

四画

未　　　卷一　9
正　　　卷一　11
甘　　　卷一　21
且　　　卷八　32
册（冊）卷三　25
丙　　　卷一　8
左　　　卷一　10
右　　　卷一　10
布　　　卷四　15
平　　　卷五　14
丝（絲）卷四　15
再　　　卷七　13
亚（亞）卷一　27
男　　　卷三　1

五画

老　　　卷三　2
百　　　卷七　14
有　　　卷八　32
存　　　卷八　20
死　　　卷七　26
丞　　　卷二　35

六画

严（嚴）卷七　4
两（兩）卷七　12

巫　　　卷四　12
来（來）卷八　4

七画

武　　　卷二　29
奉　　　卷一　15
事　　　卷八　21
枣（棗）卷六　16
画（畫）卷四　11

八画

奏　　　卷三　9
毒　　　卷八　30
韭　　　卷六　11
面　　　卷三　35
昼（晝）卷一　7

九画

泰　　　卷二　9
恭　　　卷七　4
哥　　　卷三　5
夏　　　卷一　7

十一画

焉　　　卷八　36

十二画

赖（賴）卷八　19

十三画

雨　　　卷一　2
暨　　　卷八　32

十四画

爱（愛）卷一　30

十五画

赖（賴）卷八　19
整　　　卷八　26
囊　　　卷四　26

二十一画

囊　　　卷四　26

2　丨部

一画

卜（蔔）卷四　12

二画

上　　　卷一　10
也　　　卷八　36

三画

丰（豐）卷八　24
中　　　卷一　11
书（書）卷三　25
引　　　卷二　38
书（書）卷三　25

四画

北　　　卷一　13
卡　　　卷二　27
半　　　卷七　13
字　　　卷三　24
央　　　卷一　11
冉　　　卷二　29
且　　　卷八　32

申	卷一	9
甲	卷一	8
出	卷八	4
凹	卷五	3
凸	卷五	3

五画

曲	卷三	38
肉	卷四	10

六画

县（縣）	卷二	2

七画

非	卷一	28
肃（肅）	卷一	21

八画

韭	卷六	11
将（將）	卷三	30

九画

幽	卷八	24

十一画

鼎	卷三	12

3　丿部

一画

人	卷二	28
义（義）	卷一	36
九	卷七	14
乃	卷八	33

二画

千	卷七	14
川	卷一	22
义（義）	卷一	36
及	卷八	32

三画

午	卷一	9
壬	卷一	8
夭	卷七	5
反	卷五	3
升	卷二	38

乏	卷八	18
父	卷三	26
丹	卷一	37
氏	卷二	28
乌（烏）	卷五	24

四画

失	卷八	17
乎	卷八	36
冬	卷一	7
务（務）	卷八	21
处（處）	卷二	27
册（冊）	卷三	25
乐（樂）	卷三	16
用	卷二	38
帅（帥）	卷三	30

五画

后（後）	卷一	10
兆	卷七	14
杀（殺）	卷三	22
色	卷四	13
各	卷八	31

六画

我	卷八	1
每	卷八	31
希	卷一	32
系	卷三	1
卵	卷五	29

七画

乖	卷八	30
秉	卷五	20
卑	卷八	24
阜	卷二	12
粂（羅）	卷七	11
肴	卷三	36
所	卷八	31
周	卷二	29

八画

重	卷五	5
禹	卷二	28

九画

牲	卷五	30
乘	卷五	12
岛（島）	卷二	10

十一画

甥	卷三	6
粤（粵）	卷一	23

十三画

舞	卷三	16

十四画

靠	卷七	34

二十九画

爨	卷三	40

4　丶部

二画

义（義）	卷一	36
之	卷八	35

三画

丹	卷一	37
为（為）	卷八	9

四画

半	卷七	13
头（頭）	卷四	9
必	卷八	30
永	卷八	24

五画

州	卷二	2
农（農）	卷五	16

六画

良	卷七	3

七画

亚（亞）	卷一	27

八画

亲（親）	卷三	1

举（舉）	卷二	38

九画

益	卷八	20

5　乛部

乙	卷一	8

一画

刁	卷八	7
了	卷八	18
九	卷七	14

二画

卫（衛）	卷二	32
也	卷八	36
飞（飛）	卷五	29
刃	卷三	33
习（習）	卷五	30
乡（鄉）	卷二	3

三画

尹	卷二	34
巴	卷一	38
孔	卷二	29
丑（醜）	卷一	9
以	卷八	31

四画

司	卷二	35
民	卷七	9
电（電）	卷一	3
出	卷八	4

五画

丞	卷二	35
买（買）	卷七	9

六画

即	卷八	34
君	卷二	33

七画

隶（隸）	卷三	26
函	卷三	27
乳	卷四	8

八画

既　　　卷八　30
矜　　　卷八　16
癸　　　卷一　8

十三画

暨　　　卷八　32

十五画

豫　　　卷一　19

6　十部

十　　　卷七　14

一画

千　　　卷七　14

二画

午　　　卷一　9
支　　　卷一　8

三画

卉　　　卷六　4
叶（葉）　卷六　1

四画

早　　　卷一　12
毕（畢）　卷八　18
男　　　卷三　1
华（華）　卷二　9
协（協）　卷二　35

五画

孝　　　卷七　2
皁　　　卷二　12
克　　　卷三　29

六画

幸　　　卷八　11
直　　　卷一　15
卑　　　卷八　24
阜　　　卷二　12
卒　　　卷三　31
丧（喪）　卷七　26
卖（賣）　卷七　9

七画

南　　　卷一　13

八画

索　　　卷四　32

九画

章　　　卷一　17

十画

韩（韓）　卷一　29

十一画

举（舉）　卷二　38

十四画

翰　　　卷三　26

7　厂部

二画

厅（廳）　卷二　2

四画

压（壓）　卷五　5

六画

厕（廁）　卷二　24

七画

厚　　　卷七　2

八画

原　　　卷二　5

九画

厢（廂）　卷二　21

十画

厨（廚）　卷二　24
厥　　　卷八　35
雁　　　卷五　26

十二画

硬　　　卷八　26
愿（願）　卷八　11

十三画

餍（饜）　卷三　39

[7]　厂部

二画

斤　　　卷七　12

反　　　卷五　3

六画

质（質）　卷七　3

8　匚部

二画

匹　　　卷三　7
巨　　　卷八　23

四画

匡　　　卷二　35
匠　　　卷四　12

五画

匣　　　卷四　30
医（醫）　卷四　11

八画

匪　　　卷八　5

九画

匾　　　卷四　27

十一画

匮　　　卷八　5

9　卜部

卜　　　卷四　12

一画

下　　　卷一　10

三画

处（處）　卷二　27

六画

卦　　　卷三　26
卧（臥）　卷七　29

[9]　卜部

一画

上　　　卷一　10

三画

卡　　　卷二　27
占　　　卷四　11
卢（盧）　卷四　14

四画

贞（貞）　卷七　4

五画

卤（鹵）　卷三　37

八画

桌　　　卷四　27

10　冂部

二画

冈（岡）　卷二　10

三画

冉　　　卷二　29

四画

再　　　卷七　13
网（網）　卷七　8
肉　　　卷四　10

[10]　冂部

二画

丹　　　卷一　37

三画

用　　　卷二　38
册（冊）　卷三　25

六画

周　　　卷二　29

11　八部

八　　　卷七　14

二画

兮　　　卷八　36
六　　　卷七　13
公　　　卷二　33
分　　　卷五　12

三画

只　　　卷七　13

五画

兵　　　卷三　30
谷（穀）　卷二　9

六画

典　　　卷三　24

九画

黄（黃）　卷四　13

十一画

舆（輿）　　卷三　14

十二画

舆（輿）　　卷三　14

[11] 丷部

三画

兰（蘭）　卷六　5

半　　卷七　13

四画

并（並）　卷八　2

关（關）　卷二　8

五画

兑（兌）　卷七　10

弟　　卷三　5

六画

卷　　卷三　27

亚（亞）　卷一　27

单（單）　卷七　12

七画

差　　卷五　13

养（養）　卷五　7

八画

前　　卷一　10

首　　卷四　10

酋　　卷八　5

益　　卷八　20

九画

兽（獸）　卷五　30

十画

曾　　卷二　29

12　人部

人　　卷二　28

二画

从（從）　卷三　7

仓（倉）　卷二　24

三画

丛（叢）　卷六　19

令　　卷三　8

四画

全　　卷五　13

合　　卷一　38

企　　卷八　2

众（眾）　卷一　38

五画

巫　　卷四　12

含　　卷七　23

六画

舍　　卷二　21

七画

俞　　卷二　32

俎　　卷三　13

八画

衾　　卷四　17

九画

盒　　卷四　33

十画

禽　　卷五　23

十四画

盒　　卷四　33

[12] 亻部

一画

亿（億）　卷七　14

二画

仁　　卷七　4

仆（僕）　卷三　6

仇　　卷八　6

化　　卷三　8

仍　　卷八　34

仅（僅）　卷八　31

三画

仕　　卷二　36

仗　　卷八　3

付　　卷八　19

仙　　卷七　6

仪（儀）　卷一　12

四画

伟（偉）　卷七　1

伍　　卷三　30

伐　　卷三　28

仲　　卷三　4

伦（倫）　卷三　6

价（價）　卷七　11

件　　卷四　25

任　　卷二　38

伤（傷）　卷八　12

仰　　卷七　34

仿　　卷八　20

似　　卷八　34

伊　　卷八　1

五画

侫　　卷七　22

何　　卷八　36

佐　　卷二　35

攸　　卷八　35

但　　卷八　32

伸　　卷七　29

伯　　卷二　33

低　　卷一　10

你　　卷八　1

位　　卷二　36

佛　　卷七　6

六画

侍　　卷八　8

使　　卷三　6

例　　卷二　37

侧（側）　卷一　11

侏　　卷三　16

佩　　卷四　25

七画

俭（儉）　卷七　4

俄　　卷一　33

侮　　卷八　6

信　　卷七　2

俟　　卷八　19

侵　　卷三　28

侯　　卷二　33

八画

惰　　卷八　16

债（債）　卷七　10

幸　　卷八　11

借　　卷七　10

值　　卷七　11

倚　　卷七　29

候　　卷一　6

倭　　卷一　29

俾　　卷一　30

倍　　卷五　12

健　　卷七　30

九画

偿（償）　卷七　10

侧（側）　卷一　11

偷　　卷八　5

停　　卷八　17

十画

借　　卷七　10

傥（儻）　卷八　33

十一画

催　　卷八　19

像　　卷五　2

十二画

僚　　卷二　37

僮　　卷三　6

僧　　卷七　6

十三画

僻　　卷八　7

十四画

儒　　卷七　1

[12] 入部

| 入 | 卷二 | 28 |

六画

| 籴（糴） | 卷七 | 11 |

13 勹部

一画

| 勺 | 卷四 | 32 |

二画

| 匀（勻） | 卷八 | 27 |

三画

| 句 | 卷五 | 15 |

八画

| 榴 | 卷六 | 15 |

九画

| 匏 | 卷四 | 34 |

14 儿部

| 儿（兒） | 卷三 | 2 |

二画

| 元 | 卷二 | 34 |
| 允 | 卷七 | 22 |

三画

| 兄 | 卷三 | 5 |

四画

尧（堯）	卷二	28
光	卷五	2
兆	卷七	14

五画

克	卷三	29
兕	卷五	32
兑（兌）	卷七	10
完	卷八	18

六画

| 兔 | 卷五 | 34 |
| 兖（兗） | 卷一 | 20 |

八画

| 党（黨） | 卷三 | 1 |

九画

| 兜 | 卷四 | 23 |

15 匕部

三画

| 北 | 卷一 | 13 |

四画

| 死 | 卷七 | 26 |
| 旨 | 卷三 | 41 |

十二画

| 疑 | 卷八 | 15 |

16 几部

| 几（幾） | 卷四 | 27 |

一画

| 凡 | 卷八 | 33 |

二画

| 亢 | 卷八 | 24 |

四画

| 肌 | 卷四 | 9 |
| 凫（鳧） | 卷五 | 26 |

五画

| 秃（禿） | 卷七 | 25 |

十二画

| 凳 | 卷四 | 28 |

[16] 凢部

二画

| 风（風） | 卷一 | 4 |
| 凤（鳳） | 卷五 | 23 |

九画

| 凰 | 卷五 | 23 |

17 亠部

一画

| 亡 | 卷七 | 7 |

二画

六	卷七	13
方	卷五	14
亢	卷八	24

三画

| 市 | 卷二 | 3 |
| 玄 | 卷四 | 13 |

四画

齐（齊）	卷一	20
亦	卷八	33
产（產）	卷三	7
亥	卷一	9
妄	卷八	7

五画

| 亩（畝） | 卷二 | 4 |
| 忘 | 卷八 | 16 |

六画

京	卷一	14
卒	卷三	31
夜	卷一	7
盲	卷七	25
育	卷三	7
氓	卷七	9

七画

哀	卷八	12
亭	卷二	22
帝	卷二	33
彦（彥）	卷七	1

八画

衷	卷八	11
高	卷一	10
斋（齋）	卷二	21
衮（袞）	卷四	21
离（離）	卷五	16
畜	卷五	37

九画

鸾（鸞）	卷五	23
毫	卷七	15
襄	卷二	35
孰	卷八	35
商	卷七	9

十画

褒（襃）	卷四	17
蛮（蠻）	卷一	39
啻	卷八	34

十一画

| 禀（稟） | 卷三 | 26 |
| 襄 | 卷二 | 35 |

十二画

豪	卷五	37
膏	卷四	8
銮（鑾）	卷三	14

十三画

| 廞（齋） | 卷三 | 38 |

十四画

| 雍 | 卷八 | 29 |

十五画

| 襄 | 卷二 | 35 |
| 赢（贏） | 卷七 | 11 |

十七画

| 赢（贏） | 卷七 | 11 |

十九画

| 裔 | 卷三 | 1 |

二十画

| 饔 | 卷三 | 35 |

二十一画

| 赢（贏） | 卷七 | 11 |

18 冫部

四画

| 冰 | 卷二 | 17 |
| 次 | 卷七 | 16 |

五画

| 冷 | 卷一 | 6 |

八画

| 弱 | 卷七 | 30 |

十四画

| 凝 | 卷五 | 2 |

19 冖部

七画
冠　　卷四　18

八画
冥　　卷七　27
冤　　卷三　20

20 凵部

二画
凶　　卷八　30

三画
凸　　卷五　3
出　　卷八　4
凹　　卷五　3

六画
函　　卷三　27

七画
幽　　卷八　24

21 卩部

三画
印　　卷一　31
卯　　卷一　9

五画
卵　　卷五　29
即　　卷八　34

七画
卸　　卷八　19

八画
卿　　卷二　34

十画
禁　　卷三　8

[21] 卩部

六画
卷　　卷三　27

22 刀部

刀　　卷三　33

一画
刁　　卷八　7

刃　　卷三　33

二画
分　　卷五　12

三画
召　　卷七　18

十三画
劈　　卷五　6

[22] 刂部

四画
刑　　卷三　20
列　　卷七　30
刚（剛）　卷七　1
则（則）　卷八　34
刘（劉）　卷二　32

五画
利　　卷七　11
判　　卷三　20

六画
到　　卷八　3
制　　卷三　8
例　　卷二　37
刻　　卷一　7

七画
荆（荊）　卷六　9
剑（劍）　卷三　33
前　　卷一　10

九画
副　　卷二　35

[22] 勹部

三画
刍（芻）　卷六　8

四画
负（負）　卷七　28
争（爭）　卷八　6
色　　卷四　13

六画
兔　　卷五　34

九画
象　　卷五　31

十一画
赖（賴）　卷八　19

十三画
豫　　卷一　19

十四画
筋　　卷四　1

23 力部

力　　卷五　5

二画
劝（勸）　卷七　22

三画
功　　卷三　29
加　　卷五　12
务（務）　卷八　21

四画
动（動）　卷五　1
劣　　卷八　7
胁（脅）　卷四　4

五画
劫　　卷八　5
助　　卷五　16
男　　卷三　1

六画
协（協）　卷二　35

七画
勋（勳）　卷三　29

九画
勒　　卷四　38

十画
甥　　卷三　6

24 又部

又　　卷八　34

二画
支　　卷一　8
劝（勸）　卷七　22

反　　卷五　3
双（雙）　卷七　13

三画
圣（聖）　卷七　1
对（對）　卷四　27

四画
观（觀）　卷二　23

五画
鸡（雞）　卷五　28

六画
取　　卷七　31
叔　　卷三　3
贤（賢）　卷七　1
艰（艱）　卷八　27

七画
空　　卷八　27
爱　　卷八　32

八画
复（複）　卷八　4
难（難）　卷八　28
桑　　卷六　23

25 厶部

二画
云（雲）　卷一　3
允　　卷七　22

三画
去　　卷八　4
弁　　卷四　19
台　　卷二　22

四画
牟　　卷五　17

五画
县（縣）　卷二　2
矣　　卷八　36
私　　卷八　15

七画
垒（壘）　卷三　34

八画			坐	卷七	29	塾	卷二	20	**二画**	
能	卷五	6	均	卷七	12	**十二画**			艾	卷六	6
26 夊部			坎	卷二	11	亳	卷七	15	**三画**	
四画			坟（墳）	卷七	26	墨	卷一	39	芋	卷六	13
廷	卷二	18	坠（墜）	卷五	6	增	卷八	20	芍	卷六	3
六画			灶	卷二	24	**十三画**			芝	卷六	5
建	卷一	18	**五画**			甕	卷八	29	**四画**	
27 干部			坦	卷八	27	**十四画**			芙	卷六	3
干（幹）	卷一	8	幸	卷八	11	巫	卷四	12	芜（蕪）	卷六	4
二画			坡	卷二	10	墾	卷二	12	芸	卷六	6
平	卷五	14	**六画**			**[29] 士部**			苇（葦）	卷六	7
28 工部			垣	卷二	26	士	卷七	1	芽	卷六	1
二画			城	卷二	2	**一画**			苋（莧）	卷六	13
左	卷一	10	垫（墊）	卷八	27	壬	卷一	8	芥	卷六	11
功	卷三	29	垦（墾）	卷五	20	**三画**			苍（蒼）	卷四	13
四画			**七画**			吉	卷一	25	花	卷六	1
巫	卷四	12	埋	卷七	27	壮（壯）	卷七	5	芹	卷六	12
攻	卷三	28	袁	卷二	31	**七画**			芳	卷六	2
六画			埃	卷一	32	壶（壺）	卷四	33	芦（蘆）	卷六	7
缸	卷四	32	**八画**			**九画**			苏（蘇）	卷一	16
项（項）	卷四	10	域	卷二	1	喜	卷五	10	**五画**	
差	卷五	13	基	卷二	27	壹	卷七	14	苦	卷三	41
29 土部			堂	卷二	19	**十画**			若	卷八	30
土	卷一	32	堆	卷二	6	鼓	卷三	17	苗	卷五	20
二画			培	卷五	21	寿（壽）	卷七	5	英	卷一	34
去	卷八	4	**九画**			**十一画**			苓	卷六	8
圣（聖）	卷七	1	堪	卷八	34	墓	卷七	27	苟	卷八	34
三画			塔	卷二	23	蒜	卷六	11	苞	卷六	2
圭	卷三	10	婿	卷三	6	嘉	卷七	3	范（範）	卷二	32
寺	卷二	23	**十画**			**十二画**			茎（莖）	卷六	1
老	卷三	2	墓	卷七	27	寅	卷一	9	苔	卷六	5
考	卷三	3	塞	卷二	8	**十八画**			茅	卷六	9
地	卷二	1	塘	卷二	17	矗	卷三	17	茄	卷六	12
四画			**十一画**			**30 艹部**			**六画**	
坛（壇）	卷二	21	墙（牆）	卷二	26	**一画**			荆（荊）	卷六	9
址	卷二	27	墟	卷二	5	艺（藝）	卷四	11	巷	卷二	3
坚（堅）	卷八	26	境	卷二	1				荐（薦）	卷二	38

草　　　　卷六　4
茧（繭）　卷六　35
茶　　　　卷六　10
茗　　　　卷六　10
荠（薺）　卷六　12
荣（榮）　卷七　3
荫（蔭）　卷六　19
茹　　　　卷六　12
荔　　　　卷六　16
药（藥）　卷六　3
荷　　　　卷一　36

七画

莽　　　　卷六　4
莲（蓮）　卷六　3
莫　　　　卷八　32
荞　　　　卷六　8
莸（蕕）　卷六　9
荻　　　　卷六　10
莺（鶯）　卷五　25
莼（蓴）　卷六　12

八画

萩　　　　卷五　17
菲　　　　卷六　4
萝（蘿）　卷六　8
菜　　　　卷六　11
菱　　　　卷六　19
菊　　　　卷六　2
萄　　　　卷六　16
萍　　　　卷六　6
菀　　　　卷六　7
萤（螢）　卷六　34
萨（薩）　卷七　6
萧（蕭）　卷六　7

九画

葬　　　　卷七　27
萼　　　　卷六　1
董　　　　卷二　32

葡　　　　卷一　37
葱（蔥）　卷六　11
落　　　　卷六　4
萱　　　　卷六　7
蒋（蔣）　卷二　30
葵　　　　卷六　4

十画

蒜　　　　卷六　11
薯　　　　卷六　7
蓄　　　　卷八　19
莲（蓮）　卷六　3
蓝（藍）　卷四　14
墓　　　　卷七　27
幕　　　　卷二　22
蓬　　　　卷六　12
蒲　　　　卷六　6
蓉　　　　卷六　3
蒿　　　　卷六　12
蓄　　　　卷八　19
蒙　　　　卷一　26
萝（蘿）　卷六　8

十一画

慕　　　　卷八　11
蔓　　　　卷六　4
蔑　　　　卷八　32
蔡　　　　卷二　31
蔗　　　　卷六　16
蓼　　　　卷六　6
菠　　　　卷六　12

十二画

蕙　　　　卷六　5
薹　　　　卷六　13
蕉　　　　卷六　9
蔬　　　　卷六　11
蕴（蘊）　卷八　15

十三画

薨　　　　卷七　27

薛　　　　卷二　31
薇　　　　卷六　13
薄　　　　卷八　23
薪　　　　卷六　4
蕙　　　　卷六　18

十四画

藏　　　　卷一　26
藐　　　　卷八　24

十五画

藕　　　　卷六　17
藜　　　　卷六　12
藤　　　　卷六　8
藩　　　　卷二　34

十六画

蔡　　　　卷二　31
藻　　　　卷六　6

十七画

荫（蔭）　卷六　19

二十一画

蘖　　　　卷五　34

31　寸部

寸　　　　卷四　22

二画

对（對）　卷四　27

三画

寺　　　　卷二　23

四画

寿（壽）　卷七　5
时（時）　卷一　6
肘　　　　卷四　4

六画

封　　　　卷二　36
耐　　　　卷八　15
将（將）　卷三　30

七画

辱　　　　卷八　13
射　　　　卷四　11

八画

尉　　　　卷二　35

十四画

爵　　　　卷二　36

32　廾部

二画

卉　　　　卷六　4

三画

异（異）　卷八　25

四画

弄　　　　卷七　33

九画

葬　　　　卷七　27

十五画

彝　　　　卷三　12

33　大部

大　　　　卷一　14

一画

夫　　　　卷三　4
天　　　　卷一　1

二画

央　　　　卷一　11
失　　　　卷八　17
头（頭）　卷四　9

三画

夸（誇）　卷七　19
夹（夾）　卷四　20
夺（奪）　卷八　5
尖　　　　卷八　26
夷　　　　卷一　39
买（買）　卷七　9

五画

奉　　　　卷一　15
卖（賣）　卷七　9
奔　　　　卷七　34
奇　　　　卷五　3

六画

契　　卷七　12
奏　　卷三　9
美　　卷一　28
类(類)　卷二　28
癸　　卷一　8

七画

奚　　卷八　35

八画

匏　　卷四　34

九画

奠　　卷七　26
奥(奧)　卷一　35

十一画

樊　　卷二　7

34　尢部

二画

龙(龍)　卷六　25

四画

忧(憂)　卷八　12

[34]　兀部

一画

元　　卷二　34

三画

光　　卷五　2

六画

尪　　卷六　26

35　弋部

弋　　卷四　11

三画

式　　卷四　25

五画

武　　卷二　29

36　小部

小　　卷三　2

一画

少　　卷七　12

三画

尖　　卷八　26
劣　　卷八　7

六画

省　　卷一　25

八画

雀　　卷五　23

[36]　⺌部

三画

光　　卷五　2

四画

肖　　卷八　18

五画

尚　　卷八　30

八画

堂　　卷二　19
棠　　卷六　18
掌　　卷四　4

十一画

裳　　卷四　20

37　口部

口　　卷四　2

一画

中　　卷一　11

二画

台　　卷二　22
右　　卷一　10
只　　卷七　13
兄　　卷三　5
句　　卷五　15
叱　　卷七　21
司　　卷二　35
召　　卷七　18

三画

吁(籲)　卷七　21
吉　　卷一　25
吕(呂)　卷二　30

合　　卷一　38
吃　　卷七　23
向　　卷五　16
舌　　卷四　2
各　　卷八　31
吸　　卷五　5

四画

呈　　卷八　22
吴(吳)　卷一　16
吞　　卷七　23
杏　　卷六　14
吾　　卷八　1
呕(嘔)　卷七　23
吨(噸)　卷七　15
员(員)　卷二　36
吟　　卷七　20
含　　卷七　23
谷(穀)　卷二　9
告　　卷八　22
听(聽)　卷七　30
君　　卷二　33
邑　　卷二　4

五画

味　　卷三　41
呼　　卷七　19
知　　卷八　14
和　　卷五　13
咎　　卷八　7
鸣(鳴)　卷五　29
周　　卷二　29
龟(鼁)　卷六　29

六画

哉　　卷八　36
咸(鹹)　卷三　41
虽(雖)　卷八　34
品　　卷二　36
咽　　卷四　10

哀　　卷八　12
咨(諮)　卷七　21

七画

哥　　卷三　5
哲　　卷七　3
哭　　卷七　21
唁　　卷七　26
唐　　卷二　28
唇　　卷四　3

八画

啄　　卷七　23
啭(囀)　卷七　21
唱　　卷七　20
唾　　卷七　21
唯　　卷七　19
售　　卷七　10
商　　卷七　9
兽(獸)　卷五　30
啸(嘯)　卷七　21

九画

喜　　卷五　10
丧(喪)　卷七　26
喉　　卷四　3
喧　　卷七　19
啻　　卷八　34
善　　卷七　3

十画

嗜　　卷八　14
巒(巒)　卷四　38

十一画

嘉　　卷七　3

十二画

嘲　　卷七　20

十三画

器　　卷四　27
噬　　卷七　23
噫　　卷七　21

十五画
嚣（囂）　卷七　18
十九画
囊　　卷四　26

38　口部
二画
囚　　卷三　21
四　　卷七　13
三画
因　　卷八　33
团（團）　卷三　36
回　　卷五　4
四画
园（園）　卷二　5
围（圍）　卷三　28
五画
国（國）　卷二　1
图（圖）　卷三　26
六画
囿　　卷二　5
圃　　卷二　5
十三画
圜　　卷五　14

39　山部
山　　卷二　9
二画
出　　卷八　4
三画
屿（嶼）　卷二　9
岁（歲）　卷一　6
岂（豈）　卷八　32
四画
岛（島）　卷二　10
岚（嵐）　卷二　10
五画
岸　　卷二　6
岩　　卷二　10

冈（岡）　卷二　10
岭（嶺）　卷二　9
岱　　卷二　9
岷　　卷二　10
六画
峡（峽）　卷二　12
炭　　卷五　10
幽　　卷八　24
八画
崩　　卷七　27
崇　　卷八　25
十画
嵩　　卷二　9
十五画
叟　　卷三　2
十七画
巍　　卷八　26

40　巾部
巾　　卷四　17
二画
布　　卷四　15
帅（帥）　卷三　30
市　　卷二　3
四画
希　　卷一　32
帐（帳）　卷四　18
五画
帖　　卷三　27
帕　　卷四　21
帛　　卷四　15
帚　　卷四　24
六画
帝　　卷二　33
七画
席　　卷三　12
八画
帷　　卷四　28

九画
幅　　卷四　25
帽　　卷四　19
十画
幕　　卷二　22
十一画
幔　　卷四　17

41　彳部
四画
役　　卷三　6
五画
征　　卷三　28
往　　卷八　4
彼　　卷八　1
六画
徇　　卷七　27
律　　卷三　16
七画
徐　　卷八　28
八画
衔（衛）　卷二　37
得　　卷八　17
衔（衝）　卷二　37
九画
街　　卷二　3
御（禦）　卷三　28
十画
衝　　卷二　22
微　　卷五　13
十一画
德　　卷一　35
十二画
衝　　卷二　3
街　　卷二　3
十三画
衡　　卷二　9

十四画
徽　　卷一　16

42　彡部
四画
形　　卷五　15
杉　　卷六　20
六画
彦（彥）　卷七　1
八画
彬　　卷八　25
九画
彭　　卷二　31
十二画
影　　卷五　4

43　夕部
三画
岁（歲）　卷一　6
多　　卷七　12
四画
夜　　卷一　7
六画
怨　　卷八　12
七画
鸳（鴛）　卷五　25
八画
梦（夢）　卷七　29
九画
飧　　卷三　35
十一画
舞　　卷三　16

44　夂部
二画
处（處）　卷二　27
务（務）　卷八　21
三画
各　　卷八　31
条（條）　卷六　19

五画

咎	卷八	7
备（備）	卷三	28

七画

夏	卷一	7

十四画

螽	卷六	32

45　爿部

三画

壮（壯）	卷七	5
妆（妝）	卷四	11

四画

状（狀）	卷八	18

六画

将（將）	卷三	30

[45]　四画

林	卷一	25

九画

装（裝）	卷八	27

十三画

措	卷八	20

46　广部

广（廣）	卷一	23

三画

庄（莊）	卷七	4
庆（慶）	卷三	9

四画

庑（廡）	卷二	19
库（庫）	卷二	24
庐（廬）	卷二	21
序	卷二	20
床	卷四	28

五画

店	卷二	23
庙（廟）	卷二	19
府	卷二	2
庖	卷二	24

五画

庚	卷一	8

六画

度	卷一	13
庭	卷二	22
庠	卷二	20

七画

席	卷三	12
唐	卷二	28

八画

庶	卷三	4
廊	卷二	19
康	卷七	3
鹿	卷五	32

九画

厢（廂）	卷二	21
厕（廁）	卷二	24

十画

廉	卷七	4

十一画

腐	卷三	37

十二画

摩	卷七	32
麈	卷二	27

十三画

廪（廩）	卷二	24

十四画

膺	卷四	4

十五画

鹰（鷹）	卷五	26

二十二画

魔	卷七	7

三十画

麤	卷五	32

47　门部

门（門）	卷二	25

二画

闪（閃）	卷五	2

三画

闭（閉）	卷八	22
问（問）	卷七	18

四画

闰（閏）	卷一	6
闱（闈）	卷二	21
闵（閔）	卷二	29
闷（悶）	卷八	12

六画

闺（閨）	卷二	21
闽（閩）	卷一	18
闾（閭）	卷二	3
阁（閣）	卷二	22

七画

阃（閫）	卷二	21

九画

阔（闊）	卷八	23

十画

阙（闕）	卷二	18

48　宀部

三画

宇	卷一	10
守	卷三	28
宅	卷二	21
安	卷一	30
字	卷三	24

四画

完	卷八	18
宋	卷二	31
牢	卷三	21
灾（災）	卷一	6

五画

宝（寶）	卷三	11
宗	卷三	3
官	卷二	36

二画

审（審）	卷三	22
宙	卷一	10

六画

宣	卷七	18
宦	卷二	36
宥	卷三	20
室	卷二	27
宫（宮）	卷二	18
宪（憲）	卷二	34

七画

害	卷八	30
宽（寬）	卷七	2
家	卷二	20
宰	卷二	34
案	卷四	27

八画

寅	卷一	9
寄	卷八	19
宿	卷一	2
密	卷八	24

九画

寒	卷一	12
寓	卷二	21
寐	卷七	29

十画

塞	卷二	8
赛（賽）	卷七	11

十一画

寡	卷七	5
察	卷三	23
蜜	卷六	34

十二画

寰	卷二	21

十四画

塞	卷八	10

49　辶部

二画

辽（遼）	卷一	15
边（邊）	卷一	11

三画

达（達）	卷八	22
迅	卷八	28
巡	卷三	30

四画

进（進）	卷八	4
远（遠）	卷五	3
违（違）	卷八	8
运（運）	卷一	1
迓	卷八	22
近	卷八	22
返	卷八	4
迎	卷八	9

五画

述	卷七	22
迪	卷八	28
迤（邐）	卷八	22

六画

逃	卷三	29
选（選）	卷二	38
迹（跡）	卷八	21
送	卷八	9
迷	卷八	21
退	卷八	4

七画

逝	卷八	8
速	卷五	6
逐	卷八	8
逍	卷八	20
造	卷八	8
逢	卷八	8
通	卷八	22

九画

遇	卷八	4
遂	卷二	4
退	卷八	22

十画

遣	卷八	3

十一画

遭	卷八	8

十二画

遑	卷一	30
遵	卷八	8

十三画

遽	卷八	21
邀	卷八	8

十四画

邈	卷八	25

50　彐部

二画

彐（芻）	卷六	8

四画

灵（靈）	卷七	7

五画

帚	卷四	24

八画

彗	卷一	2
雪	卷一	2

[50]　彑部

九画

彘	卷五	37

十五画

彝	卷三	12

51　尸部

尸（屍）	卷七	26

一画

尺	卷四	22

二画

尼	卷七	6

四画

层（層）	卷七	16
局	卷二	27

五画

届（屆）	卷八	35
居	卷二	27

六画

屋	卷二	27
屏	卷二	26

七画

展	卷七	33
屐	卷四	18

八画

屠	卷七	9

九画

犀	卷五	31
属（屬）	卷二	35
屡（屢）	卷八	29

十二画

履	卷四	19
屦（屨）	卷四	20

52　己部

己	卷一	8

[52]　已部

已	卷八	36

[52]　巳部

巳	卷一	9

一画

巴	卷一	38

二画

包	卷八	27

三画

异（異）	卷八	25

六画

巷	卷二	3

53　弓部

弓	卷三	31

一画

引	卷二	38

二画

弗	卷五	11

四画

张（張）	卷二	31
弟	卷三	5

五画

弧	卷五	13
弦	卷一	5
弩	卷三	32

七画

躬	卷四	1
弱	卷七	30

八画

弹（彈）	卷三	34

九画

强（強）	卷五	9
粥	卷三	35

十画

彀	卷三	32

十六画

疆	卷一	22

十九画

鬻	卷七	10

54　子部

子	卷一	9

一画

孔	卷二	29

二画

孕	卷三	7

三画

存	卷八	20
字	卷三	24
孙（孫）	卷三	4

四画

李	卷六	14

孝	卷七	2
孚	卷七	2
五画		
孟	卷二	29
孤	卷七	5
学(學)	卷二	20
孥	卷三	4
六画		
孩	卷三	2
八画		
孰	卷八	35
55　屮部		
二画		
出	卷八	4
八画		
枭(耀)	卷七	11
[55]　屮部		
七画		
刍(芻)	卷六	8
56　女部		
女	卷三	1
二画		
奴	卷三	7
三画		
奸	卷八	5
妆(妝)	卷四	11
妄	卷八	7
妇(婦)	卷三	4
妃	卷二	33
四画		
妍	卷六	15
妪(嫗)	卷三	6
妯	卷三	3
妥	卷八	26
妖	卷七	7
妒	卷八	6

五画		
妹	卷三	5
妻	卷三	4
姑	卷三	3
姓	卷二	28
妾	卷三	4
始	卷八	20
六画		
姨	卷三	5
姻	卷三	1
姜(薑)	卷二	30
七画		
姬	卷二	33
娱(娛)	卷八	20
娣	卷三	5
娘	卷三	3
八画		
婴(嬰)	卷三	2
婢	卷三	7
婚	卷三	1
婆	卷三	4
婶(嬸)	卷三	3
九画		
嫂	卷三	5
十画		
媳	卷三	4
十一画		
嫡	卷三	4
57　飞部		
飞(飛)	卷五	29
58　马部		
马(馬)	卷五	35
二画		
冯(馮)	卷二	30
驭(馭)	卷四	38
四画		
驰(馳)	卷三	16

驱(驅)	卷四	38
驴(驢)	卷五	35
五画		
驷(駟)	卷四	38
驹(駒)	卷五	35
驼(駝)	卷五	33
驻(駐)	卷三	30
驿(驛)	卷二	7
驽(駑)	卷五	35
驾(駕)	卷三	16
六画		
骂(罵)	卷七	21
骆(駱)	卷五	33
骈(駢)	卷三	14
七画		
骊(驪)	卷五	35
骋(騁)	卷四	38
骏(駿)	卷五	35
八画		
骑(騎)	卷三	16
九画		
骚(騷)	卷三	25
十画		
骝(騮)	卷五	35
十三画		
赢(贏)	卷七	11
十六画		
骥(驥)	卷五	35
59　幺部		
一画		
幻	卷五	2
二画		
玄	卷四	13
六画		
幽	卷八	24
九画		
畿	卷二	1

十二画		
畿	卷二	1
61　王部		
王	卷二	33
一画		
玉	卷三	11
二画		
全	卷五	13
玑(璣)	卷三	11
三画		
呈	卷八	22
弄	卷七	33
玖	卷七	15
四画		
玩	卷七	33
环(環)	卷四	23
五画		
珑(瓏)	卷八	26
玲	卷八	26
珍	卷三	10
珀	卷五	11
皇	卷二	33
珊	卷三	11
玻	卷五	10
六画		
珠	卷三	11
班	卷一	37
七画		
球	卷二	1
琐(瑣)	卷八	27
理	卷三	21
望	卷一	5
八画		
琴	卷三	17
琶	卷三	18
斑	卷四	14

九画

瑟　卷三　17
瑚　卷三　11
瑞　卷一　36
瑜　卷三　11
瑕　卷三　11
瑙　卷五　11

十一画

璋　卷三　10

[61]　玉部

玉　卷三　11

五画

玺（璽）　卷三　10

十四画

璧　卷三　10

62　无部

无（無）　卷八　32

[62]　旡部

四画

既　卷八　30

十画

暨　卷八　32

二十画

嚣（囂）　卷七　18

63　韦部

八画

韩（韓）　卷一　29

十画

韬（韜）　卷三　32

64　木部

一画

未　卷一　9
术（術）　卷四　11

二画

朱　卷四　13
机（機）　卷五　1

朵　卷六　2
权（權）　卷四　36

三画

杆　卷五　6
杜　卷六　8
杖　卷四　31
杏　卷六　14

三画

杉　卷六　20
杨（楊）　卷六　22
杞　卷六　22
李　卷六　14
脉（脈）　卷四　1

四画

枉　卷三　20
林　卷一　25
枝　卷六　18
枢（樞）　卷二　25
杯　卷四　33
杪　卷六　19
束　卷三　26
枣（棗）　卷六　16
果　卷六　14
采　卷二　37
松　卷六　21
杵　卷五　22
枚　卷六　19
枭（梟）　卷五　27
枫（楓）　卷六　23
枕　卷四　29
杼　卷四　32
杷　卷六　15
梧　卷六　21

五画

栈（棧）　卷二　23
荣（榮）　卷七　3
某　卷八　1

柑　卷六　17
枯　卷六　19
栉（櫛）　卷四　24
柯　卷六　19
栋（棟）　卷二　25
柩　卷七　27
柬　卷三　26
槎　卷三　15
相　卷二　34
栅（柵）　卷二　27
柏　卷六　21
析　卷四　31
柢　卷六　18
栎（櫟）　卷六　22
柳　卷六　22
柴　卷七　15
柁　卷三　15
柱　卷二　26
树（樹）　卷六　18
枷　卷三　21
架　卷四　36

六画

桂　卷一　23
栽　卷五　21
栗　卷六　23
桌　卷四　27
桐　卷六　20
桃　卷六　14
株　卷六　18
桥（橋）　卷二　7
桀　卷二　34
桨　卷二　29
校　卷二　20
核　卷六　14
样（樣）　卷四　25
桑　卷六　23
根　卷六　18

七画

彬　卷八　25
梗　卷六　19
梧　卷六　21
楷　卷三　21
梅　卷六　14
渠　卷二　13
梨　卷六　15
梁　卷一　24
梓　卷六　21
梳　卷四　24
梯　卷二　25
桶　卷四　32

八画

棋　卷四　26
森　卷六　19
椅　卷四　28
棠　卷六　18
椒　卷六　11
棘　卷六　17
椎　卷四　35
棺　卷七　26
椭（橢）　卷五　14

九画

椿　卷六　24
紫　卷四　13
樱（櫻）　卷六　14
楝　卷六　20
禁　卷三　8
楚　卷一　18
榄（欖）　卷六　15
榆　卷六　24
楹　卷二　26
槐　卷六　22
楼（樓）　卷二　22
楣　卷二　25
椽　卷二　25

十画

榛	卷六	24
梗	卷六	19
模	卷七	32
榻	卷四	28
槛（檻）	卷二	25
榴	卷六	15
椅	卷四	28

十一画

樗	卷六	23
横（橫）	卷一	10
樱（櫻）	卷六	14
樊	卷二	7
梁	卷一	24
橡	卷六	23
樟	卷六	21

十二画

橐	卷四	26
樵	卷七	9
橙	卷六	16
橘	卷六	16

十三画

檐（簷）	卷二	25
檀	卷六	20

十五画

蔡	卷二	31

[64] 木部

二画

杀（殺）	卷三	22
杂（雜）	卷八	27

三画

条（條）	卷六	19

五画

亲（親）	卷三	1

65 支部

支	卷一	8

九画

鼓	卷三	17

66 犬部

犬	卷五	36

三画

状（狀）	卷八	18

四画

戾	卷八	30

五画

狱（獄）	卷三	21

六画

哭	卷七	21
臭	卷三	41

十画

獒	卷五	31

十二画

器	卷四	27

[66] 犭部

二画

犯	卷三	20

四画

犹（猶）	卷八	34
狄	卷一	39

五画

狎	卷八	6
狐	卷五	34
狗	卷五	36

六画

狭（狹）	卷八	23
狮（獅）	卷五	31
独（獨）	卷七	5
狩	卷二	37
狡	卷八	7
狱（獄）	卷三	21

七画

狸	卷五	33
狼	卷五	33

八画

猜	卷八	9
猫（貓）	卷五	37
猝	卷八	28

九画

猩	卷五	34
猴	卷五	32

十三画

獭（獺）	卷五	32

67 歹部

二画

死	卷七	26

五画

殇（殤）	卷七	27

六画

殊	卷八	34

七画

殓（殮）	卷七	26

十画

殡（殯）	卷七	26

[67] 歺部

八画

粲	卷五	19

十一画

餐	卷三	35

68 车部

车（車）	卷三	14

二画

轨（軌）	卷三	14
军（軍）	卷三	30

三画

轩（軒）	卷二	22
库（庫）	卷二	24

四画

转（轉）	卷八	27
斩（斬）	卷三	22
轮（輪）	卷五	1

五画

轴（軸）	卷五	1
轺（軺）	卷三	14
轻（輕）	卷五	7

六画

晕（暈）	卷一	4
轼（軾）	卷三	14
载（載）	卷八	27
轿（轎）	卷三	16
较（較）	卷五	13

七画

毂（轂）	卷三	14
辅（輔）	卷二	35

八画

辇（輦）	卷三	14
辍（輟）	卷八	17

九画

辔（轡）	卷四	38

十画

辕（轅）	卷三	16
舆（輿）	卷三	14
典	卷三	24

十二画

辙（轍）	卷三	14

69 牙部

牙	卷四	2

二画

邪	卷八	7

70 戈部

戈	卷三	32

一画

戍	卷一	8

二画

戎	卷一	39
戌	卷一	9
成	卷三	30

三画

戒　卷八　15

我　卷八　1

四画

或　卷八　35

五画

哉　卷八　36

战（戰）　卷三　28

咸（鹹）　卷三　41

六画

栽　卷五　21

载（載）　卷八　27

七画

域　卷二　1

戚　卷三　1

盛　卷八　24

八画

戟　卷三　32

幾　卷二　1

惑　卷八　15

九画

盏（盞）　卷四　33

十一画

幾　卷二　1

71　比部

比　卷一　36

二画

毕（畢）　卷八　18

四画

昆　卷三　4

五画

皆　卷八　31

72　瓦部

六画

瓶　卷四　34

73　止部

一画

正　卷一　11

四画

武　卷二　29

歧　卷二　8

齿（齒）　卷四　3

十画

胶（膠）　卷五　10

十二画

整　卷八　26

十四画

蹄　卷五　30

[74]　攴部

二画

收　卷五　21

三画

攻　卷三　28

攸　卷八　35

改　卷八　21

四画

败（敗）　卷三　29

牧　卷七　9

放　卷三　23

五画

政　卷三　8

故　卷八　31

六画

敌（敵）　卷三　28

效　卷八　20

七画

敕　卷三　20

教　卷三　27

救　卷三　30

八画

敬　卷七　4

散　卷五　5

敞　卷八　17

敦　卷七　2

九画

数（數）　卷一　13

十二画

整　卷八　26

75　日（曰）部

日　卷一　1

一画

申　卷一　9

二画

早　卷一　12

旨　卷三　41

三画

旱　卷一　6

时（時）　卷一　6

四画

者　卷八　36

昆　卷三　4

吕（呂）　卷二　30

明　卷一　5

昏　卷一　11

婚　卷三　1

易　卷三　26

五画

春　卷一　7

昧　卷一　11

是　卷八　35

显（顯）　卷五　4

星　卷一　1

昭　卷一　11

曷　卷八　35

六画

晋（晉）　卷一　20

晓（曉）　卷一　12

晕（暈）　卷一　4

吉　卷一　25

七画

晨　卷一　11

晦　卷一　5

晚　卷一　12

曹　卷二　34

八画

晴　卷一　5

暑　卷一　12

晶　卷五　9

暑　卷一　12

普　卷八　24

曾　卷二　29

量　卷四　25

九画

暖　卷一　6

暇　卷八　20

舍　卷二　21

十画

暇　卷八　20

惕　卷八　15

十四画

簪　卷四　26

垦（墾）　卷五　20

[75]　冃部

四画

冒　卷八　18

七画

冕　卷四　18

76　贝部

贝（貝）　卷三　10

二画

贞（貞）　卷七　4

则（則）　卷八　34

三画

员（員）　卷二　36

财（財）　卷三　12

四画

| 贤（賢） | 卷七 | 1 |
| 贬（貶） | 卷二 | 38 |

四画

败（敗）	卷三	29
货（貨）	卷三	12
质（質）	卷七	3
贩（販）	卷七	10
购（購）	卷七	10
贯（貫）	卷七	11

五画

贰（貳）	卷二	35
贱（賤）	卷七	5
贵（貴）	卷一	24
贸（貿）	卷七	10
贷（貸）	卷七	10
贸（貿）	卷七	10
恻（惻）	卷八	12
贺（賀）	卷三	9

六画

贾（賈）	卷七	9
贼（賊）	卷八	5
赁（賃）	卷八	19
资（資）	卷七	3

七画

婴（嬰）	卷三	2
赊（賒）	卷七	10
寅	卷一	9

八画

赋（賦）	卷三	25
寅	卷一	9
赏（賞）	卷三	8
赐（賜）	卷三	8

九画

| 赖（賴） | 卷八 | 19 |

十画

| 赛（賽） | 卷七 | 11 |

十二画

| 赞（贊） | 卷七 | 19 |
| 赠（贈） | 卷二 | 36 |

十三画

| 赡（贍） | 卷八 | 17 |
| 赢（贏） | 卷七 | 11 |

十四画

| 寅 | 卷一 | 9 |

十七画

| 赣（贛） | 卷一 | 17 |

77　水部

| 水 | 卷二 | 13 |

一画

| 永 | 卷八 | 24 |

五画

| 泉 | 卷二 | 15 |

六画

| 浆（漿） | 卷三 | 37 |

八画

| 颖（穎） | 卷二 | 14 |

[77]　氵部

二画

| 汁 | 卷三 | 39 |
| 汉（漢） | 卷二 | 13 |

三画

江	卷二	12
汐	卷一	12
汲	卷七	28
冲（沖）	卷二	7
汤（湯）	卷二	29
池	卷二	16
汝	卷八	1

四画

沅	卷一	19
沐	卷七	28
沙	卷二	8
汾	卷一	20

沧（滄）	卷二	14
沂	卷二	15
沟（溝）	卷二	17
汴	卷一	19
沪（滬）	卷二	15
沈	卷二	30

五画

浅（淺）	卷八	29
法	卷一	34
河	卷二	13
况（況）	卷八	31
油	卷三	38
泗	卷二	14
沿	卷二	17
泡	卷二	16
泮	卷二	20
泾（涇）	卷二	14
治	卷三	8
泽（澤）	卷二	16
泥	卷二	7
沼	卷二	17
波	卷一	31

六画

浇（澆）	卷八	10
洞	卷二	11
测（測）	卷五	12
洗	卷七	28
派	卷二	16
洛	卷二	14
济（濟）	卷二	15
浓（濃）	卷五	2
洲	卷二	13
洋	卷二	13
津	卷二	17

七画

| 浦 | 卷二 | 15 |
| 浙 | 卷一 | 17 |

酒	卷三	38
涛（濤）	卷二	16
涉	卷八	3
浮	卷八	29
浴	卷七	28
海	卷一	26
涧（澗）	卷二	14
浪	卷五	4
涨（漲）	卷五	2

八画

渚	卷二	15
渎（瀆）	卷二	15
淇	卷二	14
淞	卷二	15
淮	卷二	14
渠	卷二	13
淑	卷七	2
渊（淵）	卷二	15
淮	卷二	14
渔（漁）	卷七	8
液	卷四	1
淤	卷八	29
淡	卷五	7
深	卷八	29

九画

减（減）	卷五	12
港	卷二	13
滞（滯）	卷八	27
湖	卷二	13
湘	卷一	19
温（溫）	卷一	6
渭	卷二	14
滑	卷五	6
渡	卷二	17
游（遊）	卷八	29
湾（灣）	卷二	14

十画

漠　　　　卷二　8
溥　　　　卷八　26
滇　　　　卷一　24
减（減）　卷五　12
源　　　　卷二　16
溪　　　　卷二　13
溜　　　　卷二　16
滩（灘）　卷二　12
溺　　　　卷七　27

十一画

滴　　　　卷二　16
漏　　　　卷一　7

十二画

潮　　　　卷一　12
潦　　　　卷二　15
激　　　　卷八　10
潘　　　　卷二　31
澳　　　　卷一　29
潼　　　　卷二　15
澜（瀾）　卷二　16

十三画

激　　　　卷八　10

十四画

濯　　　　卷七　28

十六画

瀑　　　　卷二　11
瀛　　　　卷二　13

十七画

灌　　　　卷五　21

[77] 氺部

十画

黎　　　　卷四　14
滕　　　　卷二　31

78 见部

二画

观（觀）　卷二　23

四画

规（規）　卷四　37
觅（覓）　卷七　33
视（視）　卷七　30

五画

砚（硯）　卷三　12
觉（覺）　卷八　14

六画

舰（艦）　卷三　15

九画

巍　　　　卷八　26

79 牛（牛）部

牛　　　　卷五　36

二画

牝　　　　卷五　37
牟　　　　卷五　17

三画

牡　　　　卷五　37
告　　　　卷八　22
牢　　　　卷三　21

四画

牧　　　　卷七　9
物　　　　卷五　12

五画

牲　　　　卷五　30

六画

特　　　　卷八　31

七画

犁　　　　卷五　21

八画

犊（犢）　卷五　36
犀　　　　卷五　31

十画

犒　　　　卷三　31

十一画

靠　　　　卷七　34

80 手部

手　　　　卷四　4

五画

挛　　　　卷三　4

八画

掌　　　　卷四　4
掣　　　　卷七　32

十一画

摩　　　　卷七　32

十五画

攀　　　　卷七　32

[80] 扌部

三画

扣　　　　卷七　11
扬（揚）　卷七　33

四画

抚（撫）　卷二　34
技　　　　卷四　11
扰（擾）　卷八　16
批　　　　卷七　11
抢（搶）　卷八　5
折　　　　卷五　3
抑　　　　卷八　33
抛（拋）　卷五　6
护（護）　卷三　30
把　　　　卷七　31
拟（擬）　卷八　14

五画

拓　　　　卷七　33
拔　　　　卷七　33
担（擔）　卷七　28
抽　　　　卷七　32
拥（擁）　卷七　31
抵　　　　卷五　6
拘　　　　卷三　24
招　　　　卷七　11
披　　　　卷七　33

六画

持　　　　卷七　31
挞（撻）　卷三　23
拾　　　　卷七　15
挺　　　　卷八　25
指　　　　卷四　4
按　　　　卷七　32
挥（揮）　卷七　33

七画

振　　　　卷八　21
捕　　　　卷三　20
捏　　　　卷七　32
捉　　　　卷三　24
损（損）　卷八　28
捌　　　　卷七　15

八画

措　　　　卷八　20
捷　　　　卷三　29
排　　　　卷七　33
推　　　　卷七　33
控　　　　卷三　20
接　　　　卷八　9
掠　　　　卷七　31
掷（擲）　卷五　5
探　　　　卷七　33
掘　　　　卷八　10

九画

提　　　　卷七　31
揖　　　　卷七　34
揣　　　　卷七　32
插　　　　卷五　21
握　　　　卷七　31

十画

摆（擺）　卷五　5
携（攜）　卷七　31

十一画

摘　　　　卷七　32

十二画				三画				四画				豚	卷五	37
撑（撐）	卷三	15	折	卷五	3	斧	卷三	33		望	卷一	5
擒	卷三	24	听（聽）	卷七	30	**88 月部**				**八画**		
播	卷五	16	**四画**			月	卷一	1	期	卷一	6
十三画			斩（斬）	卷三	22	**二画**			朝	卷二	18
操	卷八	2	所	卷八	31	肌	卷四	9	脾	卷四	6
擅	卷八	21	欣	卷八	11	**三画**			腕	卷四	5
十七画			斧	卷三	33	肝	卷四	6	腑	卷四	5
攘	卷七	31	**八画**			肘	卷四	4	**九画**		
[80] 毛部			斯	卷八	35	肠（腸）	卷四	5	腰	卷四	7
五画			**九画**			**四画**			腥	卷三	41
拜	卷七	34	新	卷一	22	肢	卷四	8	腹	卷四	7
看	卷七	30	**十一画**			肺	卷四	6	鹏（鵬）	卷五	26
81 气部			质（質）	卷七	3	肱	卷四	5	**十画**		
气（氣）	卷一	4	**86 爪部**			肿（腫）	卷七	24	膜	卷四	9
82 毛部			爪	卷五	29	股	卷四	7	**十一画**		
毛	卷四	8	**[86] 爫部**			肥	卷七	5	膝	卷四	7
六画			**三画**			服	卷四	20	滕	卷二	31
笔（筆）	卷三	27	孚	卷七	2	胁（脅）	卷四	4	**十二画**		
七画			妥	卷八	26	**五画**			膳	卷三	36
毫	卷七	15	**四画**			胡	卷一	39	**十三画**		
八画			采	卷二	37	胆（膽）	卷四	6	赢（贏）	卷七	11
毯	卷四	29	觅（覓）	卷七	33	胜（勝）	卷三	29	骸	卷四	1
83 长部			乎	卷八	36	胞	卷四	8	**十四画**		
长（長）	卷八	23	乳	卷四	8	胎	卷四	8	服	卷四	20
[83] 镸部			**五画**			**六画**			**十五画**		
六画			爱	卷八	32	脍（膾）	卷三	37	赢（贏）	卷七	11
肆	卷七	14	**六画**			胸	卷四	4	**十九画**		
84 片部			爱（愛）	卷一	30	脂	卷四	8	赢（贏）	卷七	11
片	卷七	16	奚	卷八	35	脐（臍）	卷四	4	**[88] 月部**		
八画			**八画**			脑（腦）	卷四	9	**二画**		
牍（牘）	卷三	27	舜	卷二	28	朕	卷八	1	有	卷八	32
十画			**十三画**			朔	卷一	5	**三画**		
牖	卷二	25	爵	卷二	36	朗	卷一	5	肖	卷八	18
85 斤部			**87 父部**			**七画**			**四画**		
斤	卷七	12	父	卷三	3	脚（腳）	卷四	8	肾（腎）	卷四	5
						脯	卷三	37	看	卷三	36

育	卷三	7	**十画**			**四画**			**九画**	
肩	卷四	5	歉	卷八	15	放	卷三	23	煤	卷五	9
五画			**91 风部**			**六画**			**十画**	
背	卷四	3	风	卷一	4	旅	卷三	31	粲	卷五	19
胃	卷三	34	**92 殳部**			斾	卷三	31	**十二画**	
胃	卷四	6	**四画**			**七画**			磷	卷五	8
六画			殳	卷四	7	旌	卷三	34	簵	卷三	18
脊	卷四	3	**五画**			族	卷三	1	**十七画**	
膏	卷四	8	段	卷七	16	旋	卷五	15	篱（籬）	卷二	7
能	卷五	6	**六画**			**九画**			**[95] 灬部**	
七画			殷	卷二	29	旒	卷四	18	**五画**	
唇	卷四	3	毅	卷七	1	**十画**			点（點）	卷五	15
十画			殸	卷七	16	旗	卷三	34	**六画**	
膏	卷四	8	**八画**			**95 火部**			热（熱）	卷五	2
十一画			彀	卷三	32	**一画**			羔	卷五	36
肩	卷四	5	縠（縠）	卷三	14	灭（滅）	卷三	29	燕	卷五	28
十三画			**九画**			**二画**			**七画**	
膚	卷四	4	殿	卷二	18	灰	卷五	9	焉	卷八	36
臀	卷四	7	**十一画**			**三画**			烹	卷三	40
臂	卷四	4	毅	卷七	1	灶	卷二	24	**八画**	
89 氏部			縠（縠）	卷三	14	灿（燦）	卷八	25	煮	卷三	40
氏	卷二	28	**93 文部**			灾（災）	卷一	6	燕	卷五	28
四画			文	卷三	24	灵（靈）	卷七	7	然	卷八	33
昏	卷一	11	**二画**			**四画**			焦	卷三	40
90 欠部			刘（劉）	卷二	32	炙	卷三	41	**九画**	
欠	卷七	10	齐（齊）	卷一	20	炊	卷三	40	照	卷一	5
二画			**三画**			炕	卷四	28	煎	卷三	40
次	卷七	16	坟（墳）	卷七	26	**五画**			**十画**	
四画			**六画**			炳	卷八	25	熏	卷三	41
欧（歐）	卷一	27	斋（齋）	卷二	21	炭	卷五	10	熊	卷五	32
欣	卷八	11	虔	卷八	15	秋	卷一	7	**十一画**	
六画			**八画**			烂（爛）	卷三	40	蕉	卷六	9
欲	卷八	14	斑	卷四	14	**六画**			熟	卷三	40
七画			**十一画**			烘	卷三	40	窟	卷二	6
欲	卷八	14	甋（齏）	卷三	38	烦（煩）	卷八	16	**十二画**	
八画			**94 方部**			烧（燒）	卷三	40	燕	卷五	28
款	卷七	11	方	卷五	14	烛（燭）	卷四	32			

96 斗部

斗（鬥）	卷一	2

五画

科	卷二	37

六画

料	卷八	14

七画

斜	卷五	6
斛	卷四	36

九画

斟	卷八	10

97 户部

户（戶）	卷二	26

三画

护（護）	卷三	30

四画

戾	卷八	30
肩	卷四	5
房	卷二	21

五画

扁	卷八	26

六画

扇	卷四	29

十一画

肩	卷四	5

98 心部

心	卷四	6

一画

必	卷八	30

三画

忘	卷八	16
忠	卷七	4

四画

念	卷八	15
忿	卷八	13
忽	卷七	16

五画

怨	卷八	12
怠	卷八	13
怒	卷八	13

六画

恶（惡）	卷八	30
耻（恥）	卷八	9
恐	卷八	13
恋（戀）	卷八	16
恙	卷七	24
恳（懇）	卷八	15
恕	卷七	2

七画

悉	卷八	31
悠	卷八	25

八画

葱（蔥）	卷六	11
惑	卷八	15
悲	卷八	12
惩（懲）	卷三	21

九画

感	卷八	12
愁	卷八	12
愆	卷八	7

十画

愿（願）	卷八	11

十一画

慧	卷七	2
慰	卷八	11
恶	卷七	2

十二画

蕙	卷六	18

[98] 忄部

一画

忆（憶）	卷八	14

四画

忧（憂）	卷八	12
忏	卷八	6

五画

怯	卷八	16
怜（憐）	卷八	16
性	卷八	11
怪	卷七	7

六画

恃	卷八	9
恒	卷二	9
恻（惻）	卷一	11
恰	卷八	33
恤	卷八	16
恨	卷八	12

七画

悟	卷八	14
悦（悅）	卷八	11

八画

惬（愜）	卷八	11
情	卷八	11
惜	卷八	16
悼	卷八	12
惧（懼）	卷八	13
惕	卷八	15
惟	卷八	32

八画

惊（驚）	卷八	13
惮（憚）	卷八	16
惯（慣）	卷八	9

九画

愤（憤）	卷八	13
惰	卷八	16
愠（慍）	卷八	13
恻（惻）	卷八	12
慨	卷八	12

十一画

慢	卷八	13

十二画

憎	卷八	9

十三画

懈	卷八	16
懔（懍）	卷八	15

[98] 小部

六画

恭	卷七	4

十画

慕	卷八	11

99 毋部

毋	卷八	31
母	卷三	3

二画

每	卷八	31

四画

毒	卷八	30

二十画

蠹	卷三	34

100 示部

示	卷三	9

三画

宗	卷三	3

五画

祟	卷七	7

六画

祭	卷三	9

八画

禁	卷三	8

十二画

禳	卷三	41

[100] 礻部

一画

礼（禮）	卷三	8

三画

社	卷二	19
祀	卷三	9

四画

祉　　　　卷七　3
祇　　　　卷七　7
视（視）　卷七　30

五画

秘　　　　卷一　38
祖　　　　卷三　3
神　　　　卷七　6
祝　　　　卷三　9
祠　　　　卷二　19

六画

祥　　　　卷七　3

七画

祷（禱）　卷七　7

八画

禅（禪）　卷七　6
禄（祿）　卷二　36

九画

福　　　　卷七　3

101　甘部

甘　　　　卷一　21

四画

某　　　　卷八　1

102　石部

石　　　　卷二　11

三画

矾（礬）　卷五　10

四画

砒　　　　卷五　11
砚（硯）　卷三　12

五画

砺（礪）　卷二　11
砥　　　　卷二　10

六画

硕（碩）　卷八　24

七画

硬　　　　卷八　26

硝　　　　卷五　9
硫　　　　卷五　8

八画

碍（礙）　卷八　17
碑　　　　卷三　26
硼　　　　卷五　10

九画

碧　　　　卷四　14
磁　　　　卷二　11
瑙　　　　卷五　11
碱（堿）　卷五　9

十一画

磬　　　　卷三　18
磨　　　　卷五　22

103　龙部

龙（龍）　卷六　25

二画

陇（隴）　卷二　5

四画

珑（瓏）　卷八　26

六画

聋（聾）　卷七　25
龚（龔）　卷二　32
笼（籠）　卷四　30
袭（襲）　卷四　20

104　业部

四画

显（顯）　卷五　4

六画

虚（虛）　卷八　27

七画

凿（鑿）　卷四　35

105　目部

目　　　　卷四　2

一画

自　　　　卷八　1

三画

盲　　　　卷七　25

四画

相　　　　卷二　34
眇　　　　卷七　25
省　　　　卷一　25
冒　　　　卷八　18
首　　　　卷四　10
看　　　　卷七　30
眉　　　　卷四　2

六画

眼　　　　卷四　2
眸　　　　卷四　2

七画

鼎　　　　卷三　12

八画

晴　　　　卷四　2
督　　　　卷二　34
睡　　　　卷七　29

十二画

瞳　　　　卷四　2

十三画

瞀　　　　卷七　25

106　田部

田　　　　卷二　4
甲　　　　卷一　8
申　　　　卷一　9
电（電）　卷一　3

二画

亩（畝）　卷二　4
男　　　　卷三　1

三画

画（畫）　卷四　11
备（備）　卷三　28

四画

胃　　　　卷四　6
界　　　　卷二　8

五画

留　　　　卷八　9
畜　　　　卷五　37
畔　　　　卷二　6

六画

晕（暈）　卷一　4

七画

畴（疇）　卷二　4

八画

蓄　　　　卷八　19
雷　　　　卷一　3

九画

畿　　　　卷二　1

十三画

墨　　　　卷一　39

107　罒部

三画

罗（羅）　卷四　15

七画

胃　　　　卷四　6

八画

署　　　　卷二　22
罪　　　　卷三　21
蜀　　　　卷一　22

九画

骂（罵）　卷七　21

十二画

羁（羈）　卷四　38

108　皿部

三画

盂　　　　卷四　34
孟　　　　卷二　29

四画

盆　　　　卷四　34

五画

盐（鹽）　卷五　8
盏（盞）　卷四　33

益　　卷八　20

六画

蛊(蠱)　卷六　37
盛　　卷八　24
盒　　卷四　33
盘(盤)　卷四　34
盗(盜)　卷八　5
盖(蓋)　卷八　33

八画

盟　　卷三　9

十一画

虞　　卷二　28
盒　　卷四　33

十二画

篡　　卷三　13

十三画

篮(籃)　卷四　30

109　生部

生　　卷三　7

七画

甥　　卷三　6

110　矢部

矢　　卷三　31

二画

医(醫)　卷四　11
矣　　卷八　36

三画

知　　卷八　14

四画

矩　　卷四　37

七画

短　　卷八　23

八画

雉　　卷五　25
肄　　卷八　20

九画

疑　　卷八　15

111　禾部

禾　　卷五　19

二画

利　　卷七　11
秃(禿)　卷七　25
秀　　卷五　19
私　　卷八　15

三画

和　　卷五　13
籼(秈)　卷五　18
秉　　卷五　20

四画

秒　　卷七　16
香　　卷三　41
种(種)　卷二　28
科　　卷二　37
秋　　卷一　7

五画

秦　　卷一　21
秭　　卷五　17
乘　　卷五　12
积(積)　卷五　13
秧　　卷五　20
秩　　卷二　36

七画

程　　卷五　15
稀　　卷八　24
黍　　卷五　17

八画

稗　　卷五　19
禀(稟)　卷三　26

九画

稳(穩)　卷八　26

十画

稷　　卷五　17
稻　　卷五　19
黎　　卷四　14

稼　　卷五　16

十一画

穑(穡)　卷五　21
穆　　卷二　32
糠　　卷五　18

十二画

黏　　卷五　2

十三画

穰　　卷六　24

112　白部

一画

百　　卷七　14

二画

皂　　卷二　12

三画

帛　　卷四　15
的　　卷八　35

四画

皇　　卷二　33
皆　　卷八　31
泉　　卷二　15

六画

召　　卷七　18

七画

皖　　卷一　16

十画

架　　卷四　36

113　瓜部

瓜　　卷六　17

十一画

瓢　　卷四　34

十四画

瓣　　卷六　1

114　鸟部

鸟(鳥)　卷五　23

二画

鸠(鳩)　卷五　24
凫(鳧)　卷五　26
鸡(雞)　卷五　28

三画

枭(梟)　卷五　27
鸢(鳶)　卷五　27
鸣(鳴)　卷五　29
凰　　卷五　23

四画

鸥(鷗)　卷五　27
肩　　卷四　5
鸧(鶬)　卷五　24

五画

莺(鶯)　卷五　25
鸭(鴨)　卷五　28
鸦(鴉)　卷五　28
鸶(鷥)　卷五　25
鸳(鴛)　卷五　25
鸥(鷗)　卷五　27

六画

鸷(鷙)　卷五　25
鸽(鴿)　卷五　25
鸿(鴻)　卷五　26
鸾(鸞)　卷五　23

七画

鹏(鵬)　卷五　25
鹊(鵲)　卷五　28
鹅(鵝)　卷五　28

八画

鹄(鵠)　卷五　24
鹊(鵲)　卷五　28
鹏(鵬)　卷五　26
鹑(鶉)　卷五　29

十画

鹤(鶴)　卷五　23
鹭(鷺)　卷五　27

十一画

肺　　　　卷四　6

126　襾（西）部

西　　　　卷一　13

四画

栗　　　　卷六　23

六画

粟　　　　卷五　18

127　而部

三画

耐　　　　卷八　15

128　页部

二画

顶（頂）　卷二　37

三画

项（項）　卷四　10
顺（順）　卷一　15

四画

颁（頒）　卷三　9
颂（頌）　卷三　25
烦（煩）　卷八　16

五画

硕（碩）　卷八　24
领（領）　卷四　21
颈（頸）　卷四　10
颇（頗）　卷八　29

六画

颊（頰）　卷四　9
频（頻）　卷八　29
颖（穎）　卷二　14

七画

颐（頤）　卷四　10
频（頻）　卷八　29

八画

颗（顆）　卷七　16

九画

额（額）　卷四　10

颜（顔）　卷二　29

十二画

嚣（囂）　卷七　18

129　至部

二画

到　　　　卷八　3

130　庀部

二画

虎　　　　卷五　31
虏（虜）　卷三　29

四画

虔　　　　卷八　15

五画

虚（虛）　卷八　27
虞　　　　卷二　28

七画

虞　　　　卷二　28

九画

唐　　　　卷二　28

[130]　虎部

虎　　　　卷五　31

131　虫部

虫（蟲）　卷六　31

二画

虬（虯）　卷八　34

三画

虹　　　　卷一　3
茧（繭）　卷六　35
虺　　　　卷六　26
蚕（蠶）　卷六　36
虽（雖）　卷八　34
蚁（蟻）　卷六　39
禹　　　　卷二　28
蚤　　　　卷六　38

四画

蚌　　　　卷六　30
蚨　　　　卷六　38

蚕（蠶）　卷六　36
蚣　　　　卷六　35
蚓　　　　卷六　36

五画

萤（螢）　卷六　34
蛎（蠣）　卷六　30
蛆　　　　卷六　40
蛇　　　　卷六　26
蚌　　　　卷六　37
蛏（蟶）　卷六　30
蛊（蠱）　卷六　37

六画

蛰　　　　卷六　33
蛤　　　　卷六　30
蛛　　　　卷六　36
蛟　　　　卷六　25
蛮（蠻）　卷一　39

七画

蜃　　　　卷六　30
蜗（蝸）　卷六　30
蜈　　　　卷六　35
蜀　　　　卷一　22
蜉　　　　卷六　35
蛾　　　　卷六　35
娘　　　　卷三　3
蛹　　　　卷六　34

八画

蜻　　　　卷六　32
蜡（蠟）　卷六　34
蝇（蠅）　卷六　34
蜚　　　　卷六　40
蝉（蟬）　卷六　33

九画

蝠　　　　卷六　31
蝎（蠍）　卷六　36
蝗　　　　卷六　33
蝙　　　　卷六　31

蛐　　　　卷七　32

十画

蟒　　　　卷四　19
蟆　　　　卷六　40

十一画

螳　　　　卷六　32
昆　　　　卷三　4
螽　　　　卷六　32
蟀　　　　卷六　37

十三画

蠃（蠃）　卷七　11
蟾　　　　卷六　29
蟹　　　　卷六　31

十五画

蠢　　　　卷六　33

十八画

蠹　　　　卷六　37

132　肉部

肉　　　　卷四　10

133　缶部

三画

缸　　　　卷四　32

六画

瓶　　　　卷四　34

134　舌部

舌　　　　卷四　2

五画

甜　　　　卷三　41

七画

辞（辭）　卷七　22

135　竹（⺮）部

竹　　　　卷六　25

四画

竿　　　　卷四　26
笔（筆）　卷三　27
笑　　　　卷七　20
笏　　　　卷三　10

五画

笺（箋）	卷三	26
笼（籠）	卷四	30
笛	卷三	18
笙	卷三	19
符	卷四	31
第	卷二	37
迸（籩）	卷三	13
笫	卷三	19
笞	卷三	22

六画

筐	卷四	30
等	卷五	13
策	卷三	25
筒	卷四	31
筛（篩）	卷五	22
答	卷七	19
筋	卷四	1
筝（箏）	卷三	17

七画

筹（籌）	卷四	31
筠	卷六	25
筮	卷四	11
简（簡）	卷三	27
箭	卷三	31

八画

箸	卷四	33
箕	卷四	24
箬（篛）	卷六	25
算	卷五	12
筒	卷四	31
管	卷三	18
箅	卷三	26
箫（簫）	卷三	18

九画

| 箱 | 卷四 | 30 |
| 篁 | 卷六 | 25 |

| 箭 | 卷三 | 31 |
| 篆 | 卷三 | 26 |

十画

第	卷二	37
篷	卷三	15
篱（籬）	卷二	7
篮（籃）	卷四	30

十二画

垦（墾）	卷五	20
簪	卷四	26
篮（籃）	卷四	30

十三画

| 簿 | 卷三 | 25 |

十四画

| 籍 | 卷三 | 25 |

136 臼部

| 臼 | 卷五 | 22 |

二画

| 兄 | 卷三 | 5 |

五画

| 舂 | 卷五 | 22 |

七画

| 舅 | 卷三 | 6 |

137 自部

| 自 | 卷八 | 1 |

三画

| 首 | 卷四 | 10 |

四画

| 臭 | 卷三 | 41 |

八画

| 鼻 | 卷四 | 3 |

138 血部

| 血 | 卷四 | 10 |

三画

| 恤 | 卷八 | 16 |

六画

| 泉 | 卷二 | 15 |

139 舟部

| 舟 | 卷三 | 15 |

四画

| 舰（艦） | 卷三 | 15 |
| 般 | 卷七 | 16 |

五画

| 盘（盤） | 卷四 | 34 |

140 色部

| 色 | 卷四 | 13 |

141 齐部

| 齐（齊） | 卷一 | 20 |

九画

| 斋（齋） | 卷三 | 38 |

142 衣部

| 衣 | 卷四 | 18 |

三画

| 哀 | 卷八 | 12 |

四画

衷	卷八	11
衾	卷四	17
袅（嫋）	卷四	21

五画

| 袭（襲） | 卷四 | 20 |

六画

| 裹（襃） | 卷四 | 17 |
| 装（裝） | 卷八 | 27 |

七画

| 裘 | 卷四 | 21 |
| 裔 | 卷三 | 1 |

八画

| 裳 | 卷四 | 20 |

十一画

| 襄 | 卷二 | 35 |

[142] 衤部

二画

| 初 | 卷八 | 21 |

三画

| 衬（襯） | 卷四 | 20 |
| 衫 | 卷四 | 20 |

四画

衲	卷四	21
衽	卷四	17
袂	卷四	21

五画

| 袍 | 卷四 | 21 |
| 被 | 卷四 | 21 |

七画

| 裕 | 卷八 | 25 |

九画

| 褐 | 卷四 | 17 |

十画

| 褥 | 卷四 | 17 |

十三画

| 襟 | 卷四 | 19 |

143 羊部

| 羊 | 卷五 | 36 |

六画

| 善 | 卷七 | 3 |

[143] ⺶部

一画

| 羌 | 卷一 | 39 |

三画

| 差 | 卷五 | 13 |
| 养（養） | 卷五 | 7 |

四画

| 羞 | 卷八 | 13 |

六画

| 翔 | 卷五 | 30 |

[143] ⺷部

三画

| 美 | 卷一 | 28 |
| 姜（薑） | 卷二 | 30 |

四画

| 羔 | 卷五 | 36 |
| 恙 | 卷七 | 24 |

五画

| 盖（蓋） | 卷八 | 33 |

七画

| 羡（羨） | 卷八 | 11 |

十三画

| 羹 | 卷三 | 37 |

144　米部

| 米 | 卷五 | 19 |

二画

| 籴（糴） | 卷七 | 11 |

三画

| 类（類） | 卷二 | 28 |

四画

| 粉 | 卷五 | 19 |
| 料 | 卷八 | 14 |

五画

| 粒 | 卷五 | 18 |

六画

粜（糶）	卷七	11
粪（糞）	卷五	21
粟	卷五	18
粤（粵）	卷一	23
粥	卷三	35

七画

| 粲 | 卷五 | 19 |
| 粮（糧） | 卷五 | 19 |

八画

| 精 | 卷八 | 23 |

十一画

| 糟 | 卷三 | 38 |

十六画

| 蘖 | 卷七 | 10 |

145　聿部

七画

| 肆 | 卷七 | 14 |
| 肆 | 卷八 | 20 |

八画

| 肇 | 卷八 | 21 |

[145]　聿部

四画

| 肃（肅） | 卷一 | 21 |

146　艮部

一画

| 良 | 卷七 | 3 |

二画

即	卷八	34
限	卷二	8
艰（艱）	卷八	27

三画

| 垦（墾） | 卷五 | 20 |

四画

| 恳（懇） | 卷八 | 15 |

五画

| 眼 | 卷四 | 2 |

147　羽部

四画

| 翁 | 卷三 | 3 |

五画

| 翎 | 卷二 | 37 |
| 翌 | 卷七 | 18 |

六画

| 翘（翹） | 卷五 | 30 |
| 翔 | 卷五 | 30 |

八画

| 翥 | 卷五 | 30 |
| 翠 | 卷五 | 25 |

十画

| 翩 | 卷五 | 30 |
| 翰 | 卷三 | 26 |

十一画

| 翼 | 卷五 | 29 |

148　糸部

一画

| 系 | 卷三 | 1 |

四画

| 素 | 卷四 | 13 |
| 索 | 卷四 | 32 |

五画

| 索 | 卷四 | 32 |

六画

| 紫 | 卷四 | 13 |

十八画

| 纛 | 卷三 | 34 |

[148]　纟部

三画

红（紅）	卷四	13
纣（紂）	卷二	29
级（級）	卷二	36
纪（紀）	卷一	7

四画

| 纬（緯） | 卷一 | 13 |
| 纭（紜） | 卷八 | 28 |

四画

纯（純）	卷七	2
纲（綱）	卷三	8
纱（紗）	卷四	15
纵（縱）	卷一	10
纷（紛）	卷八	28
纸（紙）	卷三	27
纺（紡）	卷四	16

五画

线（線）	卷五	15
织（織）	卷四	16
组（組）	卷四	25
绅（紳）	卷四	25
细（細）	卷八	23

| 终（終） | 卷八 | 20 |
| 经（經） | 卷一 | 13 |

六画

结（結）	卷五	5
绒（絨）	卷四	15
绛（絳）	卷四	13
络（絡）	卷四	16
绘（繪）	卷三	26
绚（絢）	卷四	14
绞（絞）	卷三	22
练（練）	卷八	2

七画

莼（蓴）	卷六	12
绢（絹）	卷四	15
绣（繡）	卷四	22

八画

绩（績）	卷四	16
绫（綾）	卷四	15
绰（綽）	卷八	25
纲（綱）	卷三	8
绳（繩）	卷四	26
绶（綬）	卷四	17
绸（綢）	卷四	15
绿（綠）	卷五	7
缁（緇）	卷四	14

九画

缅（緬）	卷一	31
缆（纜）	卷三	15
缕（縷）	卷四	16
编（編）	卷三	25

十画

缚（縛）	卷三	23
缯（繒）	卷四	38
缝（縫）	卷四	22
缟（縞）	卷四	14
缢（縊）	卷七	27

十一画

缨（纓）　　卷四　18

缩（縮）　　卷五　1

缫（繅）　　卷四　16

十二画

辙（轍）　　卷三　14

十三画

缰（韁）　　卷四　38

十六画

鹭（鷺）　　卷五　27

十七画

缝（縫）　　卷四　22

149　麦部

麦（麥）　　卷五　18

150　走部

走　　　　卷七　34

二画

赵（趙）　　卷二　30

三画

赳　　　　卷七　29

五画

越　　　　卷一　17

趁　　　　卷五　4

超　　　　卷八　4

151　赤部

赤　　　　卷四　13

四画

赦　　　　卷三　20

七画

赫　　　　卷八　25

152　豆部

豆　　　　卷三　13

三画

豇　　　　卷七　18

五画

壹　　　　卷七　14

八画

曁　　　　卷八　32

九画

颐（頤）　　卷四　10

153　酉部

酉　　　　卷一　9

二画

酋　　　　卷八　5

三画

酌　　　　卷三　39

配　　　　卷三　7

五画

酣　　　　卷三　39

六画

酪　　　　卷三　38

酱（醬）　　卷三　38

七画

酵　　　　卷五　7

酿（釀）　　卷三　38

酸　　　　卷五　9

八画

醋　　　　卷三　38

九画

醒　　　　卷三　39

十画

醢　　　　卷三　37

十一画

臀　　　　卷四　7

十三画

醴　　　　卷三　38

154　辰部

辰　　　　卷一　9

三画

辱　　　　卷八　13

唇　　　　卷四　3

四画

晨　　　　卷一　11

六画

屖　　　　卷六　30

晨　　　　卷一　11

155　豕部

豕　　　　卷五　37

三画

家　　　　卷二　20

四画

豚　　　　卷五　37

五画

象　　　　卷五　31

七画

豪　　　　卷五　37

八画

辅（輔）　　卷二　35

九画

豫　　　　卷一　19

156　卤部

卤（鹵）　　卷三　37

十三画

盟　　　　卷三　9

157　里部

里（裡）　　卷二　3

二画

重　　　　卷五　5

四画

理　　　　卷三　21

野　　　　卷二　7

五画

量　　　　卷四　25

童　　　　卷三　2

158　足部

足　　　　卷四　7

十画

塞　　　　卷八　10

[158]　𧾷部

四画

趾　　　　卷四　8

跃（躍）　　卷五　5

五画

践（踐）　　卷八　2

跌　　　　卷七　34

跛　　　　卷七　25

六画

跸（蹕）　　卷三　14

跳　　　　卷八　3

跪　　　　卷七　34

九画

踵　　　　卷四　7

十画

蹋　　　　卷八　3

蹈　　　　卷八　2

159　邑部

邑　　　　卷二　4

[159]　阝（在右）部

二画

邓（鄧）　　卷二　31

四画

邦　　　　卷二　1

邮（郵）　　卷二　7

邪　　　　卷八　7

那　　　　卷一　37

五画

邮（郵）　　卷二　7

邻（鄰）　　卷二　4

邹（鄒）　　卷二　30

邱　　　　卷二　12

邸　　　　卷二　23

六画

耶		卷八	36
郊		卷二	5
郑（鄭）		卷二	30
郎		卷二	30

七画

| 郡 | | 卷二 | 2 |

八画

都		卷一	14
部		卷二	34
郭		卷二	2

九画

| 鄂 | | 卷一 | 18 |

十一画

| 鄙 | | 卷二 | 6 |

十八画

| 攀 | | 卷七 | 32 |

160　身部

| 身 | | 卷四 | 1 |

三画

| 射 | | 卷四 | 11 |
| 躬 | | 卷四 | 1 |

161　采部

四画

| 悉 | | 卷八 | 31 |

162　谷部

| 谷（穀） | | 卷二 | 9 |

二画

| 卸 | | 卷八 | 19 |

163　豸部

| 豸 | | 卷五 | 34 |

三画

| 豺 | | 卷五 | 33 |
| 豹 | | 卷五 | 31 |

五画

| 貂 | | 卷五 | 34 |

八画

| 猫（貓） | | 卷五 | 37 |

164　龟部

| 龟（龜） | | 卷六 | 28 |

165　角部

| 角 | | 卷五 | 15 |

四画

| 斛 | | 卷四 | 36 |

五画

| 觞（觴） | | 卷四 | 33 |

六画

| 解 | | 卷八 | 14 |

166　言部

| 言 | | 卷七 | 17 |

十三画

| 譬 | | 卷七 | 18 |

[166]　讠部

二画

计（計）		卷七	17
讣（訃）		卷七	26
讥（譏）		卷七	20

三画

讨（討）		卷三	28
让（讓）		卷七	4
讯（訊）		卷三	22
议（議）		卷七	17
讫（訖）		卷八	18
训（訓）		卷三	24

四画

讲（講）		卷七	17
讵（詎）		卷八	33
讴（謳）		卷七	20
讶（訝）		卷七	21
讷（訥）		卷七	19
讼（訟）		卷三	20
论（論）		卷七	17
许（許）		卷七	22

五画

讽（諷）		卷七	19
设（設）		卷八	33
访（訪）		卷三	23
诀（訣）		卷七	22

五画

评（評）		卷七	18
证（證）		卷七	18
识（識）		卷八	14
诉（訴）		卷八	6
词（詞）		卷七	17
诏（詔）		卷三	9

六画

试（試）		卷八	19
诗（詩）		卷三	25
诘（詰）		卷三	22
诚（誠）		卷七	2
诛（誅）		卷三	22
话（話）		卷七	17
该（該）		卷八	31
详（詳）		卷八	23
诣（詣）		卷八	8

七画

语（語）		卷七	17
诮（誚）		卷七	20
诰（誥）		卷三	24
诱（誘）		卷七	22
诳（誑）		卷七	22
说（說）		卷七	17
狱（獄）		卷三	21

八画

请（請）		卷七	22
诸（諸）		卷八	36
读（讀）		卷三	27
诶（誒）		卷七	22
调（調）		卷七	20
谆（諄）		卷七	18
谈（談）		卷七	17

九画

谋（謀）		卷七	17
谍（諜）		卷三	31
谏（諫）		卷七	19
谕（諭）		卷三	9
谗（讒）		卷七	20
谚（諺）		卷七	20

十画

谟（謨）		卷三	24
谣（謠）		卷七	20
谢（謝）		卷七	22
谤（謗）		卷七	20

十一画

| 谬（謬） | | 卷八 | 7 |

十六画

| 雠（讎） | | 卷八 | 6 |

167　辛部

| 辛 | | 卷一 | 8 |

三画

| 宰 | | 卷二 | 34 |

六画

| 辞（辭） | | 卷七 | 22 |
| 辟 | | 卷二 | 33 |

九画

| 辨 | | 卷七 | 17 |
| 瓣 | | 卷六 | 1 |

十画

| 阔（闊） | | 卷八 | 23 |

168　青部

| 青 | | 卷四 | 13 |

三画

| 猜 | | 卷八 | 9 |

五画

| 睛 | | 卷四 | 2 |
| 靖 | | 卷八 | 25 |

六画

| 精 | | 卷八 | 23 |

169 卓部

四画
韩（韓）	卷一	29
戟	卷三	32
朝	卷二	18

八画
| 翰 | 卷三 | 26 |

170 雨（雩）部

| 雨 | 卷一 | 2 |

三画
| 雪 | 卷一 | 2 |

四画
| 雪 | 卷一 | 2 |

五画
雷	卷一	3
零	卷七	13
雾（霧）	卷一	3

六画
需	卷八	19
霆	卷一	3
霁（霽）	卷一	5

七画
| 震 | 卷一 | 3 |

八画
| 霍 | 卷二 | 9 |

九画
| 霜 | 卷一 | 2 |
| 霞 | 卷一 | 3 |

十三画
| 露 | 卷一 | 2 |

171 非部

| 非 | 卷一 | 28 |

一画
| 韭 | 卷六 | 11 |

四画
| 悲 | 卷八 | 12 |

六画
| 蜚 | 卷六 | 40 |

七画
| 靠 | 卷七 | 34 |

十一画
| 靡 | 卷八 | 30 |

172 齿部

| 齿（齒） | 卷四 | 3 |

173 黾部

| 黾（黽） | 卷六 | 29 |

四画
| 鼋（鼂） | 卷六 | 29 |

六画
| 鼍（鼉） | 卷七 | 15 |

174 隹部

二画
| 复（複） | 卷八 | 4 |
| 难（難） | 卷八 | 28 |

三画
| 售 | 卷七 | 10 |

四画
椎	卷四	35
雁	卷五	26
雄	卷五	29
雀	卷五	23

五画
焦	卷三	40
雉	卷五	25
堆	卷二	6

六画
| 雌 | 卷五 | 29 |

八画
| 霍 | 卷二 | 9 |
| 雕 | 卷五 | 26 |

九画
| 雕 | 卷五 | 26 |

十画
雕	卷五	26
矩	卷四	37
雠（讎）	卷八	6

175 阜部

| 阜 | 卷二 | 12 |

[175] 阝（在左）部

二画
| 队（隊） | 卷三 | 30 |

四画
阮	卷二	31
阶（階）	卷二	19
防	卷二	6
阮	卷二	31

五画
陆（陸）	卷七	15
阿	卷一	31
陇（隴）	卷二	5
陈（陳）	卷二	30
阻	卷五	16

六画
| 陕（陝） | 卷一 | 21 |
| 限 | 卷二 | 8 |

七画
陟	卷二	38
陨（隕）	卷七	24
险（險）	卷二	8
除	卷五	12
院	卷二	23

八画
| 陵 | 卷二 | 10 |

九画
随（隨）	卷三	7
隅	卷二	6
隆	卷八	24
隐（隱）	卷八	17

十画
| 隘 | 卷二 | 6 |

十四画
| 隰 | 卷二 | 5 |

176 金部

| 金 | 卷五 | 7 |

六画
| 銮（鑾） | 卷三 | 14 |

十四画
| 镒（鎰） | 卷七 | 27 |

[176] 钅部

二画
| 钉（釘） | 卷四 | 35 |

三画
钏（釧）	卷四	23
钓（釣）	卷七	8
钗（釵）	卷四	23

四画
钞（鈔）	卷三	12
钢（鋼）	卷五	9
钧（鈞）	卷七	16
钥（鑰）	卷四	26
钩（鉤）	卷四	26
钮（鈕）	卷四	25

五画
钱（錢）	卷三	12
钵（缽）	卷四	33
钺（鉞）	卷三	33
钻（鑽）	卷四	37
钾（鉀）	卷五	8
铃（鈴）	卷四	12
铁（鐵）	卷五	8
铂（鉑）	卷五	8
铅（鉛）	卷五	11
铎（鐸）	卷三	19

六画
铜（銅） 卷五 10
铢（銖） 卷七 16
铭（銘） 卷三 25
银（銀） 卷五 8

七画
锁（鎖） 卷四 26
锅（鍋） 卷四 35
锄（鋤） 卷五 20
锋（鋒） 卷三 33
锌（鋅） 卷五 11
锑（銻） 卷五 8

八画
锡（錫） 卷五 11
锣（鑼） 卷三 19
锥（錐） 卷四 37
锦（錦） 卷四 15
锯（鋸） 卷四 35
锰（錳） 卷五 9
绿（綠） 卷五 7
锱（錙） 卷七 16

九画
镊（鑷） 卷四 37
镇（鎮） 卷二 3
镑（鎊） 卷七 15
镜（鏡） 卷四 24
镯（鐲） 卷四 23
辣 卷三 41

十二画
镫（鐙） 卷四 32

十四画
缢（縊） 卷七 27

十六画
媳 卷三 4

177 鱼（魚部）
鱼（魚） 卷六 28

四画
鲁（魯） 卷二 30

五画
鲈（鱸） 卷六 26
鲋（鮒） 卷六 28

六画
鲜（鮮） 卷四 14
鲞（鯗） 卷六 26

七画
鲢（鰱） 卷六 28
鲥（鰣） 卷六 27
鲤（鯉） 卷六 26
鲨（鯊） 卷六 27
鲫（鯽） 卷六 27

八画
鲲（鯤） 卷六 29
鲸（鯨） 卷六 27

九画
编（編） 卷三 25
服 卷四 20

十画
鳏（鰥） 卷七 5

十二画
鳜（鱖） 卷六 27
鳞（鱗） 卷六 25

178 隶部
九画
隶（隸） 卷三 26

179 革部
二画
勒 卷四 38
五画
鞅 卷四 38
六画
鞍 卷四 38
九画
鞭 卷三 23

十画
鞍 卷四 38

十一画
萌 卷六 2

180 面部
面 卷三 35

181 韭部
韭 卷六 11
六画
齑（齏） 卷三 38

182 骨部
骨 卷四 1
七画
骸 卷四 1

183 香部
香 卷三 41

184 鬼部
鬼 卷七 7
四画
魁 卷一 2
五画
魅 卷七 7
八画
魏 卷二 31
十一画
魔 卷七 7

185 食部
食 卷三 35
三画
飧 卷三 35
六画
餍（饜） 卷三 39
七画
餐 卷三 35
十四画
饕 卷三 35

[185] 饣部
二画
饥（饑） 卷三 39
四画
饭（飯） 卷三 35
饮（飲） 卷三 35
五画
饰（飾） 卷四 12
饱（飽） 卷三 39
六画
蚀（蝕） 卷一 4
饷（餉） 卷三 37
饼（餅） 卷三 35
七画
馁（餒） 卷三 39
余（餘） 卷八 1
饿（餓） 卷三 39
八画
馆（館） 卷二 20
十画
鳙（鱅） 卷六 27
十二画
筋 卷四 1

186 音部
五画
韶 卷三 16
十画
锯（鋸） 卷四 35

187 首部
首 卷四 10

188 髟部
四画
髯 卷四 10
六画
髻 卷四 23

189　鬲部

六画

鬴　　　　卷五　30

十二画

鬻　　　　卷七　10

191　高部

高　　　　卷一　10

四画

膏　　　　卷四　8

192　黄部

黄（黃）　卷四　13

193　麻部

五画

磨　　　　卷五　22

八画

靡　　　　卷八　30

九画

魔　　　　卷七　7

194　鹿部

鹿　　　　卷五　32

三画

麈　　　　卷五　33

六画

麤　　　　卷五　32

八画

麒　　　　卷五　30

九画

麝　　　　卷五　33

十二画

麟　　　　卷五　30

195　鼎部

鼎　　　　卷三　12

196　黑部

黑　　　　卷一　25

三画

墨　　　　卷一　39

四画

默　　　　卷七　19

黔　　　　卷一　24

五画

黛　　　　卷四　13

黜　　　　卷二　38

八画

黛　　　　卷四　13

197　黍部

黍　　　　卷五　17

五画

黏　　　　卷五　2

198　鼓部

鼓　　　　卷三　17

五画

瞽　　　　卷七　25

八画

鼙　　　　卷三　17

199　鼠部

鼠　　　　卷五　37

200　鼻部

鼻　　　　卷四　3

难检字笔画索引

（字右边的页码指本套书正文页码）

一画

乙　卷一　8

二画

丁　卷一　8
亡　卷七　7
义　卷一　36
七　卷七　13
九　卷七　14
刁　卷八　7
了　卷八　18
乃　卷八　33

三画

三　卷七　13
干　卷一　8
于　卷八　32
亏　卷八　27
才　卷七　3
下　卷一　10
丈　卷四　22
与　卷七　31
万　卷七　14
上　卷一　10
千　卷七　14
川　卷一　22
及　卷八　32
义　卷一　36
之　卷八　35
卫　卷二　32

也　卷八　36
飞　卷五　29
习　卷五　30
乡　卷二　3

四画

丰　卷八　24
开　卷八　22
井　卷二　4
天　卷一　1
夫　卷三　4
元　卷二　34
无　卷八　32
云　卷一　3
廿　卷七　15
五　卷七　13
卅　卷七　15
不　卷八　30
有　卷八　32
牙　卷四　2
中　卷一　11
午　卷一　9
壬　卷一　8
升　卷二　38
夭　卷七　5
长　卷八　23
反　卷五　3
爻　卷三　26
乏　卷八　18
氏　卷二　28

丹　卷一　37
乌　卷五　24
为　卷八　9
尹　卷二　34
尺　卷四　22
夫　卷三　4
丑　卷一　9
巴　卷一　38
以　卷八　31
书　卷三　25

五画

未　卷一　9
戈　卷三　32
正　卷一　11
甘　卷一　21
术　卷四　11
丙　卷一　8
左　卷一　10
右　卷一　10
布　卷四　15
戊　卷一　8
平　卷五　14
东　卷一　13
卡　卷二　27
北　卷一　13
凸　卷五　3
且　卷八　32
甲　卷一　8
申　卷一　9

电　卷一　3
央　卷一　11
冉　卷二　29
凹　卷五　3
生　卷三　7
失　卷八　17
乎　卷八　36
丛　卷六　19
用　卷二　38
乐　卷三　16
册　卷三　25
包　卷八　27
兰　卷六　5
半　卷七　13
头　卷四　9
必　卷八　30
司　卷二　35
民　卷七　9
弗　卷五　11
出　卷八　4
卅　卷五　7
丝　卷四　15

六画

戎　卷一　39
考　卷三　3
亚　卷一　27
再　卷七　13
戍　卷一　9
百　卷七　14

字	卷	页	字	卷	页	字	卷	页	字	卷	页
而	卷八	33	岛	卷二	10	幽	卷八	24	翔	卷三	6
戍	卷三	30	兑	卷七	10	拜	卷七	34	粤	卷一	23
死	卷七	26	弟	卷三	5	重	卷五	5			
夹	卷四	20	君	卷二	33	禹	卷二	28	**十三画**		
尧	卷二	28				养	卷五	7	鼓	卷三	17
曲	卷三	38	**八画**			首	卷四	10			
肉	卷四	10	奉	卷一	15	举	卷二	38	**十四画**		
年	卷一	6	武	卷二	29	昼	卷一	7	嘉	卷七	3
朱	卷四	13	径	卷二	7	癸	卷一	8	赫	卷八	25
乔	卷六	23	或	卷八	35				夥	卷七	12
向	卷五	16	事	卷八	21	**十画**			舞	卷三	16
后	卷一	10	枣	卷六	16	袁	卷二	31	疑	卷八	15
兆	卷七	14	卖	卷七	9	或	卷八	35	暨	卷八	32
产	卷三	7	非	卷一	28	哥	卷三	5			
关	卷二	8	果	卷六	14	牲	卷五	30	**十五画**		
州	卷二	2	乖	卷八	30	乘	卷五	12	靠	卷七	34
农	卷五	16	秉	卷五	20	离	卷五	16	豫	卷一	19
尽	卷八	17	乳	卷四	8	弱	卷七	30			
丞	卷二	35	枭	卷五	27	能	卷五	6	**十六画**		
买	卷七	9	氓	卷七	9				翰	卷三	26
				卷三	27	**十一画**			整	卷八	26
七画			单	卷七	12	焉	卷八	36			
戒	卷八	15	肃	卷一	21	黄	卷四	13	**十七画及以上**		
严	卷七	4	隶	卷三	26	戚	卷三	1	黏	卷五	2
巫	卷四	12				匏	卷四	34	爵	卷二	36
两	卷七	12	**九画**			象	卷五	31	赢	卷七	11
来	卷八	4	奏	卷三	9	孰	卷八	35	疆	卷一	22
我	卷八	1	战	卷三	28	兽	卷五	30	馨	卷三	17
希	卷一	32	巷	卷二	3	简	卷三	27	赣	卷一	17
坐	卷七	29	乘	卷五	12				囊	卷四	26
龟	卷六	28	面	卷三	35	**十二画**					
卵	卷五	29	韭	卷六	11	棘	卷六	17			

音序表

A

ā
| 阿 | 卷一 | 31 |

āi
| 哀 | 卷八 | 12 |
| 埃 | 卷一 | 32 |

ài
艾	卷六	6
爱（愛）	卷一	30
隘	卷二	6
碍（礙）	卷八	17

ān
安	卷一	30
庵（菴）	卷二	23
鞍	卷四	38

àn
岸	卷二	6
按	卷七	32
案	卷四	207

āo
| 凹 | 卷五 | 3 |

áo
嶅	卷五	31
熬	卷三	41
鳌（鰲）	卷六	29

ǎo
| 袄（襖） | 卷四 | 17 |

ào
| 奥（奧） | 卷一 | 35 |
| 澳 | 卷一 | 29 |

B

bā
八	卷七	14
巴	卷一	38
捌	卷七	15

bá
| 拔 | 卷七 | 33 |

bǎ
| 把 | 卷七 | 31 |

bà
| 坝（壩） | 卷二 | 7 |

bǎi
百	卷七	14
柏	卷六	21
摆（擺）	卷五	5

bài
败（敗）	卷三	29
拜	卷七	34
稗	卷五	19

bān
班	卷一	37
般	卷七	16
颁（頒）	卷三	9
斑	卷四	14

bàn
| 半 | 卷七 | 13 |
| 瓣 | 卷六 | 1 |

bāng
| 邦 | 卷二 | 1 |

bàng
蚌	卷六	30
谤（謗）	卷七	20
镑（鎊）	卷七	15

bāo
包	卷八	27
苞	卷六	2
胞	卷四	8
褒	卷二	38

báo
| 薄 | 卷八 | 23 |

bǎo
饱（飽）	卷三	39
宝（寶）	卷三	11
鸨（鴇）	卷五	24

bào
| 饱（鉋） | 卷四 | 37 |
| 豹 | 卷五 | 31 |

bēi
杯	卷四	33
卑	卷八	24
悲	卷八	12
碑	卷三	26

běi
| 北 | 卷一 | 13 |

bèi
贝（貝）	卷三	10
备（備）	卷三	28
背	卷四	3
倍	卷五	12
被	卷四	21
焙	卷三	40

bēn
| 奔 | 卷七 | 34 |

bēng
| 崩 | 卷七 | 27 |

bí
| 荸 | 卷六 | 17 |
| 鼻 | 卷四 | 3 |

bǐ

比	卷一	36
妣	卷三	3
彼	卷八	1
笔（筆）	卷三	27
俾	卷一	30
粃	卷五	18
鄙	卷二	6

bì

必	卷八	30
毕（畢）	卷八	18
闭（閉）	卷八	22
婢	卷三	7
跸（蹕）	卷三	14
碧	卷四	14
弊（獘）	卷八	17
薜	卷六	9
壁	卷二	26
臂	卷四	4
璧	卷三	10

biān

边（邊）	卷一	11
笾（籩）	卷三	13
萹	卷六	7
编（編）	卷三	25
蝙	卷六	31
鯿（鯿）	卷六	27
鞭	卷三	23

biǎn

贬（貶）	卷二	38
扁	卷八	26
匾	卷四	27

biàn

弁	卷四	19
汴	卷一	19
辨	卷七	17

biē

鳖（鱉）	卷六	28

bīn

彬	卷八	25
滨（濱）	卷二	16

bìn

殡（殯）	卷七	26

bīng

冰	卷二	17
兵	卷三	30

bǐng

丙	卷一	8
秉	卷五	20
饼（餅）	卷三	35
炳	卷八	25
禀	卷三	26

bìng

并（並）	卷八	2
病	卷七	24

bō

波	卷一	31
玻	卷五	10
钵（缽）	卷四	33
饽（餑）	卷三	36
菠	卷六	12
播	卷五	16

bó

伯	卷二	33
帛	卷四	15
铂（鉑）	卷五	8
馎（餺）	卷三	35

bǒ

跛	卷七	25

bǔ

卜	卷四	12
捕	卷三	20
哺	卷五	29

bú

不	卷八	30

bù

布	卷四	15
部	卷二	34
簿	卷三	25

C

cāi

猜	卷八	9

cái

才	卷七	3
才（纔）	卷八	29
财（財）	卷三	12
裁	卷四	22

cǎi

采	卷二	37

cài

菜	卷六	11
蔡	卷二	31

cān

餐	卷三	35

cán

蚕（蠶）	卷六	36

càn

灿（燦）	卷八	25
粲	卷五	19

cāng

仓（倉）	卷二	24
苍（蒼）	卷四	13
沧（滄）	卷二	14

cáng

藏	卷一	26

cāo

操	卷八	2

cáo

曹	卷二	34
螬	卷六	39

cǎo

草	卷六	4

cè

册	卷三	25
厕（廁）	卷二	24
侧（側）	卷一	11
测（測）	卷五	12
恻（惻）	卷八	12
策	卷三	25

céng

层（層）	卷七	16
曾	卷二	29

chā

杈	卷七	8
插	卷五	21

chá

茶	卷六	10
查	卷三	23
楂	卷三	15
察	卷三	23

chà

差	卷五	13

chāi

钗（釵）	卷四	23

chái

豺	卷五	33

chài

虿（蠆）	卷六	36

chán

谗（讒）	卷七	20
禅（禪）	卷七	6
蝉（蟬）	卷六	33
廛	卷二	27
蟾	卷六	29

chǎn

产（產）	卷三	7

chāng

菖	卷六	10

cháng

肠（腸）	卷四	5

尝（嘗）　卷七　23
偿（償）　卷七　10

chǎng
敞　卷八　17

chàng
唱　卷七　20

chāo
钞（鈔）　卷三　12
绰（綽）　卷八　25
超　卷八　4

cháo
朝　卷二　18
嘲　卷七　20
潮　卷一　12

chē
车（車）　卷三　14

chě
扯（撦）　卷五　5

chè
掣　卷七　32

chén
臣　卷二　33
辰　卷一　9
陈（陳）　卷二　30
晨　卷一　11

chèn
衬（襯）　卷四　20
趁　卷五　4

chēng
柽（檉）　卷六　24
蛏（蟶）　卷六　30
撑（撐）　卷三　15

chéng
丞　卷二　35
呈　卷八　22
诚（誠）　卷七　2
城　卷二　2
乘　卷五　12

程　卷五　15
惩（懲）　卷三　21
橙　卷六　16

chěng
骋（騁）　卷四　38

chī
吃　卷七　23
鸱（鴟）　卷五　27
笞　卷三　22
缔（絺）　卷四　16

chí
池　卷二　16
驰（馳）　卷三　16
持　卷七　31
墀　卷二　18

chǐ
尺　卷四　22
齿（齒）　卷四　3
耻（恥）　卷八　9
豉　卷三　37

chì
叱　卷七　21
赤　卷四　13
翅　卷五　30
敕　卷五　26
啻　卷八　34

chōng
冲（衝）　卷二　7
舂　卷五　22

chóng
虫（蟲）　卷六　31
崇　卷八　25

chōu
抽　卷七　32

chóu
仇　卷八　6
仇（讐）　卷八　6
绸（紬）　卷四　15

畴（疇）　卷二　4
愁　卷八　12
筹（籌）　卷四　31

chǒu
丑　卷一　9

chòu
臭　卷三　41

chū
出　卷八　4
初　卷八　21
樗　卷六　23

chú
刍（芻）　卷六　8
除　卷五　12
厨　卷二　24
锄（鋤）　卷五　20
雏（雛）　卷五　29

chǔ
杵　卷五　22
楚　卷一　18
褚　卷二　30

chǔ
处（處）　卷二　27
畜　卷五　37
黜　卷二　38

chuāi
揣　卷七　32

chuān
川　卷一　22

chuán
椽　卷二　25

chuàn
钏（釧）　卷四　23

chuāng
窗　卷二　25

chuáng
床（牀）　卷四　28

chuī
炊　卷三　40

chūn
春　卷一　7
椿　卷六　24

chún
纯（純）　卷七　2
莼（蒓）　卷六　12
唇（脣）　卷四　3
鹑（鶉）　卷五　29

chuò
辍（輟）　卷八　17

cí
词（詞）　卷七　17
祠　卷二　19
辞（辭）　卷七　22
磁　卷二　11
雌　卷五　29
餈　卷三　35

cì
次　卷七　16
赐（賜）　卷三　8

cōng
葱（蔥）　卷六　11

cóng
从（從）　卷三　7
丛（叢）　卷六　19

cū
粗（麤）　卷八　23

cù
猝　卷八　28
醋　卷三　38

cuàn
窜（竄）　卷三　29
爨　卷三　40

cuī
催　卷八　19

cuì

翠　　卷五　25

cūn

村　　卷二　3

cún

存　　卷八　20

cùn

寸　　卷四　22

cuò

措　　卷八　20

D

dá

达（達）　卷八　22

答　　卷七　19

dà

大　　卷一　14

dài

岱　　卷二　9

贷（貸）　卷七　10

怠　　卷八　13

黛　　卷四　13

dān

丹　　卷一　37

担（擔）　卷七　28

单（單）　卷七　12

dǎn

胆（膽）　卷四　6

dàn

但　　卷八　32

苔　　卷六　3

淡　　卷五　7

惮（憚）　卷八　16

弹（彈）　卷三　34

dǎng

党（黨）　卷三　1

dàng

簜　　卷六　25

dāo

刀　　卷三　33

dǎo

岛（島）　卷二　10

祷（禱）　卷七　7

蹈　　卷八　2

dào

到　　卷八　3

盗（盜）　卷八　5

悼　　卷八　12

稻　　卷五　19

纛　　卷三　34

dé

得　　卷八　17

德　　卷一　35

de

的　　卷八　35

děng

等　　卷五　13

dèng

邓（鄧）　卷二　31

凳　　卷四　28

镫（鐙）　卷四　32

dī

低　　卷一　10

堤　　卷二　6

滴　　卷二　16

dí

狄　　卷一　39

籴（糴）　卷七　11

获　　卷六　10

敌（敵）　卷三　28

笛　　卷三　18

嫡　　卷三　4

dǐ

邸　　卷二　23

抵　　卷五　6

柢　　卷六　18

砥　　卷二　10

dì

地　　卷二　1

弟　　卷三　5

帝　　卷二　33

娣　　卷三　5

第　　卷二　37

蒂（蔕）　卷六　2

diān

滇　　卷一　24

癫（癲）　卷七　25

diǎn

典　　卷三　24

点（點）　卷五　15

diàn

电（電）　卷一　3

甸　　卷二　4

店　　卷二　23

垫（墊）　卷八　27

奠　　卷七　26

殿　　卷二　18

diāo

刁　　卷八　7

貂　　卷五　34

雕（鵰）　卷五　26

diào

吊　　卷七　26

钓（釣）　卷七　8

diē

跌　　卷七　34

dié

喋　　卷六　10

谍（諜）　卷三　31

蝶（蜨）　卷六　32

dīng

丁　　卷一　8

dǐng

顶（頂）　卷二　37

鼎　　卷三　12

dìng

钉（釘）　卷四　35

dōng

东（東）　卷一　13

冬　　卷一　7

dǒng

董　　卷二　32

dòng

动（動）　卷五　1

栋（棟）　卷二　25

洞　　卷二　11

dōu

都　　卷一　14

兜　　卷四　23

dǒu

蚪　　卷六　38

dòu

斗　　卷一　2

斗（鬭）　卷八　6

豆　　卷三　13

dū

督　　卷二　34

dú

毒　　卷八　30

独（獨）　卷七　5

读（讀）　卷三　27

渎（瀆）　卷二　15

椟（櫝）　卷六　22

犊（犢）　卷五　36

牍（牘）　卷三　27

dù

杜　　卷六　8

妒　　卷八　6

度　　卷一　13

渡　　卷二　17

蠹　　卷六　37

duān

端　　　卷七　4

duǎn

短　　　卷八　23

duàn

缎（緞）　卷四　15

duī

堆　　　卷二　6

duì

队（隊）　卷三　30

对（對）　卷四　27

兑（兌）　卷七　10

碓　　　卷五　22

dūn

吨（噸）　卷七　15

敦　　　卷七　2

duō

多　　　卷七　12

duó

夺（奪）　卷八　5

铎（鐸）　卷三　19

duǒ

朵　　　卷六　2

duò

惰　　　卷八　16

E

é

俄　　　卷一　33

鹅（鵝）　卷五　28

蛾　　　卷六　35

额（額）　卷四　10

è

恶（惡）　卷八　30

饿（餓）　卷三　39

鄂　　　卷一　18

萼　　　卷六　1

鳄（鱷）　卷六　28

ér

儿（兒）　卷三　2

而　　　卷八　33

ěr

耳　　　卷四　9

迩（邇）　卷八　22

饵（餌）　卷三　36

èr

二　　　卷七　13

贰（貳）　卷二　35

F

fā

发（髮）　卷四　10

fá

乏　　　卷八　18

伐　　　卷三　28

fǎ

法　　　卷一　34

fān

藩　　　卷二　34

fán

凡　　　卷八　33

矾（礬）　卷五　10

烦（煩）　卷八　16

樊　　　卷二　7

fǎn

反　　　卷五　3

返　　　卷八　4

fàn

犯　　　卷三　20

饭（飯）　卷三　35

范　　　卷二　32

贩（販）　卷七　10

畚　　　卷三　16

fāng

方　　　卷五　14

坊　　　卷二　27

芳　　　卷六　2

fáng

防　　　卷二　6

房　　　卷二　21

fǎng

仿　　　卷八　20

访（訪）　卷三　23

纺（紡）　卷四　16

fàng

放　　　卷三　23

fēi

飞（飛）　卷五　29

妃　　　卷二　33

非　　　卷一　28

菲　　　卷六　4

蜚　　　卷六　40

féi

肥　　　卷七　5

蜚　　　卷六　38

fěi

匪　　　卷八　5

榧　　　卷六　24

fèi

肺　　　卷四　6

fēn

分　　　卷五　12

fēn

纷（紛）　卷八　28

fén

坟（墳）　卷七　26

汾　　　卷一　20

fěn

粉　　　卷五　19

fèn

忿　　　卷八　13

粪（糞）　卷五　21

愤（憤）　卷八　13

---

fēng

丰（豐）　卷八　24

风（風）　卷一　4

枫（楓）　卷六　23

封　　　卷二　36

峰　　　卷二　12

锋（鋒）　卷三　33

páng

蜂（蠭）　卷六　33

féng

冯（馮）　卷二　30

逢　　　卷八　8

缝（縫）　卷四　22

fěng

讽（諷）　卷七　19

fèng

凤（鳳）　卷五　23

奉　　　卷一　15

fó

佛　　　卷七　6

fū

夫　　　卷三　4

跗　　　卷四　8

fú

弗　　　卷五　11

凫（鳧）　卷五　26

芙　　　卷六　3

孚　　　卷七　2

拂　　　卷七　32

服　　　卷四　20

俘　　　卷三　29

蚨　　　卷六　38

浮　　　卷八　29

菔　　　卷六　13

符　　　卷四　31

幅　　　卷四　25

辐（輻）　卷五　1

蜉　　　卷六　35

福	卷七	3
蝠	卷六	31
袚	卷四	18

fǔ

抚（撫）	卷二	34
斧	卷三	33
府	卷二	2
俯	卷七	34
辅（輔）	卷二	35
腑	卷四	5
腐	卷三	37
簠	卷三	13

fù

父	卷三	3
讣（訃）	卷七	26
付	卷八	19
负（負）	卷七	28
妇（婦）	卷三	4
阜	卷二	12
复（復）	卷八	4
副	卷二	35
赋（賦）	卷三	25
腹	卷四	7
鲋（鮒）	卷六	28
缚（縛）	卷三	23
蝮	卷六	26

G

gāi

| 该（該） | 卷八 | 31 |
| 荄 | 卷六 | 4 |

gǎi

| 改 | 卷八 | 21 |

gài

| 盖（蓋） | 卷八 | 33 |

gān

| 甘 | 卷一 | 21 |
| 肝 | 卷四 | 6 |

| 柑 | 卷六 | 17 |

gǎn

杆（桿）	卷五	6
感	卷八	12
橄	卷六	15

gàn

干	卷一	8
绀（紺）	卷四	14
赣（贛）	卷一	17

gāng

冈（岡）	卷二	10
刚（剛）	卷七	1
纲（綱）	卷三	8
钢（鋼）	卷五	9
缸	卷四	32

gǎng

| 港 | 卷二 | 13 |

gāo

高	卷一	10
羔	卷五	36
膏	卷四	8
糕（餻）	卷三	35

gǎo

| 缟（縞） | 卷四 | 14 |
| 槁 | 卷六 | 19 |

gào

| 告 | 卷八 | 22 |
| 诰（誥） | 卷三 | 24 |

gē

戈	卷三	32
哥	卷三	5
鸽（鴿）	卷五	25

gé

| 阁（閣） | 卷二 | 22 |

gè

| 个（箇） | 卷七 | 16 |
| 各 | 卷八 | 31 |

| **gēn** | | |
| 根 | 卷六 | 18 |

gēng

庚	卷一	8
耕	卷五	16
羹	卷三	37

gěng

| 梗 | 卷六 | 19 |

gōng

弓	卷三	31
公	卷二	33
功	卷三	29
攻	卷三	28
肱	卷四	5
宫（宮）	卷二	18
恭	卷七	4
蚣	卷六	35
躬	卷四	1
龚（龔）	卷二	32

gōu

| 沟（溝） | 卷二 | 17 |
| 钩（鉤） | 卷四 | 26 |

gǒu

| 苟 | 卷八 | 34 |
| 狗 | 卷五 | 36 |

gòu

| 购（購） | 卷七 | 10 |
| 彀 | 卷三 | 32 |

gū

孤	卷七	5
姑	卷三	3
菰	卷六	10
蛄	卷六	39
觳（穀）	卷三	14

gǔ

谷	卷二	9
谷（穀）	卷五	19
股	卷四	7

骨	卷四	1
蛊（蠱）	卷六	37
鼓	卷三	17
瞽	卷七	25

gù

| 故 | 卷八 | 31 |
| 梏 | 卷三 | 21 |

guā

| 瓜 | 卷六 | 17 |

guǎ

| 寡 | 卷七 | 5 |

guà

| 卦 | 卷三 | 26 |

guāi

| 乖 | 卷八 | 30 |

guài

| 怪 | 卷七 | 7 |

guān

关（關）	卷二	8
观（觀）	卷二	23
官	卷二	36
棺	卷七	26
鳏（鰥）	卷七	5

guǎn

| 馆（館） | 卷二 | 20 |
| 管 | 卷三 | 18 |

guàn

卝	卷五	7
贯（貫）	卷七	11
冠	卷四	18
惯（慣）	卷八	9
灌	卷五	21

guāng

| 光 | 卷五 | 2 |
| 硄 | 卷五 | 10 |

guǎng

| 广（廣） | 卷一 | 23 |

guī	**hǎi**	翩　卷五　30	**hú**
圭　卷三　10	海　卷一　26	**hè**	狐　卷五　34
龟（龜）卷六　28	醢　卷三　37	贺（賀）卷三　9	弧　卷五　13
规（規）卷四　37	**hài**	赫　卷八　25	胡　卷一　39
闺（閨）卷二　21	亥　卷一　9	褐　卷四　17	壶（壺）卷四　33
guǐ	害　卷八　30	鹤（鶴）卷五　23	斛　卷四　36
宄　卷八　7	**hān**	壑　卷二　12	鹕（鶘）卷五　26
轨（軌）卷三　14	蚶　卷六　31	**hēi**	湖　卷二　13
鬼　卷七　7	酣　卷三　39	黑　卷一　25	瑚　卷三　11
癸　卷一　8	**hán**	**hèn**	糊　卷三　37
晷　卷一　12	含　卷七　23	恨　卷八　12	**hǔ**
簋　卷三　13	函　卷三　27	**héng**	虎　卷五　31
guì	韩（韓）卷一　29	恒　卷二　9	**hù**
贵（貴）卷一　24	寒　卷一　12	横（橫）卷一　10	户（戶）卷二　26
桂　卷一　23	**hàn**	衡　卷二　9	护（護）卷三　30
桧（檜）卷六　23	汉（漢）卷二　13	**hōng**	沪（滬）卷二　15
跪　卷七　34	旱　卷一　6	烘　卷三　40	笏　卷三　10
鳜（鱖）卷六　27	菡　卷六　3	薨　卷七　27	瓠　卷六　10
gǔn	翰　卷三　26	**hóng**	滹　卷四　16
衮（袞）卷四　21	瀚　卷一　26	红（紅）卷四　13	**huā**
guō	**hāo**	虹　卷一　3	花　卷六　1
郭　卷二　2	蒿　卷六　12	鸿（鴻）卷五　26	**huá**
锅（鍋）卷四　35	**háo**	**gǒng**	华（華）卷二　9
guó	毫　卷七　15	澒　卷五　7	哗（譁）卷七　19
国（國）卷二　1	豪　卷五　37	**hóu**	猾　卷八　7
馘　卷三　29	**hǎo**	侯　卷二　33	滑　卷五　6
guǒ	号（號）卷七　18	喉　卷四　3	**huà**
果　卷六　14	**hé**	猴　卷五　32	化　卷五　7
椁（槨）卷七　26	禾　卷五　19	**hòu**	画（畫）卷四　11
蜾　卷六　37	合　卷一　38	后　卷二　33	话（話）卷七　17
裹　卷八　19	何　卷八　36	后（後）卷一　10	**huái**
	和　卷五　13	厚　卷七　2	怀（懷）卷八　11
H	劾　卷二　38	候　卷一　6	淮　卷二　14
há	河　卷二　13	**hū**	槐　卷六　22
蛤　卷六　30	曷　卷八　35	乎　卷八　36	**huán**
hái	荷　卷一　36	呼　卷七　19	环（環）卷四　23
孩　卷三　2	核　卷六　14	忽　卷七　16	圜　卷五　14
骸　卷四　1	盒　卷四　33		

huǎn

幻	卷五	2
宦	卷二	36
唤（喚）	卷七	18
浣	卷七	28

hàn

浣（澣）	卷八	10

huáng

皇	卷二	33
黄（黃）	卷四	13
凰	卷五	23
蝗	卷六	33
篁	卷六	25

huī

灰	卷五	9
挥（揮）	卷七	33
脟	卷六	26
徽	卷一	16

huí

回	卷五	4
茴	卷六	10
蛔（蚘）	卷六	40

huì

卉	卷六	4
绘（繪）	卷三	26
彗	卷一	2
晦	卷一	5
慧	卷七	2
蕙	卷六	5

hūn

昏	卷一	11
婚	卷三	1

hún

馄（餛）	卷三	36

huǒ

夥	卷七	12

huò

或	卷八	35
货（貨）	卷三	12
获（獲）	卷三	31
惑	卷八	15
霍	卷二	9
藿	卷六	12
蠖	卷六	39

J

jī

讥（譏）	卷七	20
饥（饑）	卷三	39
玑（璣）	卷三	11
芨	卷六	8
机（機）	卷五	1
肌	卷四	9
鸡（雞）	卷五	28
积（積）	卷五	13
笄	卷四	26
屐	卷四	18
姬	卷二	33
基	卷二	27
箕	卷四	24
齑（齏）	卷三	38
畿	卷二	1
激	卷八	10
羁（羈）	卷四	38

jí

及	卷八	32
吉	卷一	25
汲	卷七	28
级（級）	卷二	36
即	卷八	34
疾	卷七	24
棘	卷六	17
瘠	卷七	5
籍	卷三	25

jǐ

几	卷四	27
己	卷一	8
脊	卷四	3
戟	卷三	32

jì

计（計）	卷七	17
纪（紀）	卷一	7
技	卷四	11
迹	卷八	21
济（濟）	卷二	15
既	卷八	30
祭	卷三	9
寄	卷八	19
绩（績）	卷四	16
蓟（薊）	卷六	9
霁（霽）	卷一	5
暨	卷八	32
稷	卷五	17
鲫（鯽）	卷六	27
髻	卷四	23
骥（驥）	卷五	35

jiā

加	卷五	12
枷	卷三	21
家	卷二	20
笳	卷三	19
嘉	卷七	3

jiá

夹（夾）	卷七	32
夹（裌）	卷四	20
颊（頰）	卷四	9
蛱（蛺）	卷六	33

jiǎ

甲	卷一	8
贾（賈）	卷七	9
钾（鉀）	卷五	8
假（叚）	卷七	16

jià

价（價）	卷七	11

jiān

尖	卷八	26
奸	卷八	5
坚（堅）	卷八	26
肩	卷四	5
艰（艱）	卷八	27
笺（箋）	卷三	26
煎	卷三	40

jiǎn

茧（繭）	卷六	35
柬	卷三	26
俭（儉）	卷七	4
减（減）	卷五	12
剪（翦）	卷四	22
简（簡）	卷三	27
碱（鹼）	卷五	9
蹇	卷八	10

jiàn

件	卷四	25
建	卷一	18
荐（薦）	卷二	38
贱（賤）	卷七	5
剑（劍）	卷三	33
健	卷七	30
舰（艦）	卷三	15
涧（澗）	卷二	14
谏（諫）	卷七	19
践（踐）	卷八	2
鉴（鑑）	卷四	12
箭	卷三	31

jiāng

江	卷二	12
将（將）	卷三	30
姜	卷二	30
姜（薑）	卷六	11

浆(漿)	卷三	37	杰(傑)	卷七	1	荆(荊)	卷六	9	苴	卷五	17
缰(繮)	卷四	38	诘(詰)	卷三	22	杭	卷五	18	居	卷二	27
疆	卷一	22	结(結)	卷五	5	旌	卷三	34	驹(駒)	卷五	35
jiǎng			桀	卷二	29	惊(驚)	卷八	13	**jú**		
讲(講)	卷七	17	捷	卷三	29	晶	卷五	9	局	卷二	27
蒋(蔣)	卷二	30	睫	卷四	2	睛	卷四	2	菊	卷六	2
jiàng			竭	卷八	17	精	卷八	23	橘	卷六	16
匠	卷四	12	**jiě**			鲸(鯨)	卷六	27	**jǔ**		
绛(絳)	卷四	13	解	卷八	14	**jǐng**			矩	卷四	37
酱(醬)	卷三	38	**jiè**			井	卷二	4	举(舉)	卷二	38
jiāo			戒	卷八	15	颈(頸)	卷四	10	**jù**		
郊	卷二	5	芥	卷六	11	**jìng**			巨	卷八	23
茭	卷六	13	届(屆)	卷八	35	径(徑)	卷二	7	句	卷五	15
浇(澆)	卷八	10	界	卷二	8	胫(脛)	卷四	7	讵(詎)	卷八	33
胶(膠)	卷五	10	借	卷七	10	敬	卷七	4	苣	卷六	13
椒	卷六	11	**jīn**			靖	卷八	25	惧(懼)	卷八	13
蛟	卷六	25	巾	卷四	17	境	卷二	1	锯(鋸)	卷四	35
焦	卷三	40	斤	卷七	12	镜(鏡)	卷四	24	屦(屨)	卷四	20
蕉	卷六	9	金	卷五	7	**jiǒng**			遽	卷八	21
jiǎo			津	卷二	17	窘	卷八	18	**juàn**		
角	卷五	15	矜	卷八	16	**jiū**			卷	卷三	27
狡	卷八	7	筋	卷四	1	鸠(鳩)	卷五	24	倦	卷七	30
饺(餃)	卷三	36	襟	卷四	19	究	卷三	20	绢(絹)	卷四	15
绞(絞)	卷三	22	**jǐn**			**jiǔ**			**jué**		
脚(腳)	卷四	8	仅(僅)	卷八	31	九	卷七	14	决(決)	卷八	10
jiào			锦(錦)	卷四	15	玖	卷七	15	诀(訣)	卷七	22
觉(覺)	卷八	14	槿	卷六	24	韭	卷六	11	掘	卷八	10
轿(轎)	卷三	16	**jìn**			酒	卷三	38	厥	卷八	35
较(較)	卷五	13	尽(盡)	卷八	17	**jiù**			蕨	卷六	13
教	卷三	27	进(進)	卷八	4	臼	卷五	22	爵	卷二	36
酵	卷五	7	近	卷八	22	咎	卷八	7	**jūn**		
jiē			晋(晉)	卷一	20	柩	卷七	27	军(軍)	卷三	30
阶(階)	卷二	19	禁	卷三	8	柏	卷六	22	均	卷七	12
皆	卷八	31	**jīng**			救	卷三	30	君	卷二	33
接	卷八	9	茎(莖)	卷六	1	厩	卷二	24	钧(鈞)	卷七	16
街	卷二	3	京	卷一	14	舅	卷三	6	筠	卷六	25
jié			泾(涇)	卷二	14	**jū**			**jùn**		
劫	卷八	5	经(經)	卷一	13	拘	卷三	24	俊	卷七	1

郡	卷二	2		**kè**		筐	卷四	30		**láng**
骏（駿）	卷五	35	克	卷三	29		**kuāng**		郎	卷二	30

K

			刻	卷一	7	诓（誆）	卷七	22	狼	卷五	33
kǎ				**kěn**			**kuàng**		廊	卷二	19
卡	卷二	27	垦（墾）	卷五	20	况	卷八	31	螂	卷六	32
kāi			恳（懇）	卷八	15		**kuī**			**lǎng**	
开（開）	卷八	22		**kēng**		亏（虧）	卷八	27	朗	卷一	5
kǎi			坑（阬）	卷二	11		**kuí**			**làng**	
慨	卷八	12		**kōng**		葵	卷六	4	浪	卷五	4
kān			空	卷八	27	魁	卷一	2		**láo**	
堪	卷八	34		**kǒng**		夔	卷五	34	牢	卷三	21
kǎn			孔	卷二	29		**kūn**			**lǎo**	
坎	卷二	11	恐	卷八	13	昆	卷三	4	老	卷三	2
槛（檻）	卷二	25		**kòng**		鲲（鯤）	卷六	29		**lào**	
kàn			控	卷三	20		**kǔn**		酪	卷三	38
看	卷七	30		**kǒu**		阃（閫）	卷二	21		**lē**	
kāng			口	卷四	2		**kuò**		乐（樂）	卷三	16
康	卷七	3		**kòu**		阔（闊）	卷八	23	勒	卷四	38
糠	卷五	18	扣	卷七	11					**le**	
kàng				**kū**		**L**			了	卷八	18
亢	卷八	24	枯	卷六	19		**là**			**léi**	
炕	卷四	28	哭	卷七	21	蜡（蠟）	卷六	34	雷	卷一	3
kǎo			窟	卷二	6	辣（辢）	卷三	41	缧（縲）	卷三	23
考	卷三	3		**kǔ**			**lái**		罍	卷三	13
kào			苦	卷三	41	来（來）	卷八	4		**lěi**	
犒	卷三	31		**kù**			**lài**		耒	卷五	20
靠	卷七	34	库（庫）	卷二	24	赖（賴）	卷八	19	垒（壘）	卷三	34
kē				**kuā**			**lán**			**lèi**	
柯	卷六	19	夸	卷七	19	兰（蘭）	卷六	5	肋	卷四	7
科	卷二	37		**kuài**		岚（嵐）	卷二	10	类（類）	卷二	28
颗（顆）	卷七	16	侩（儈）	卷七	12	蓝（藍）	卷四	14		**lěng**	
蝌	卷六	37	脍（膾）	卷三	37	澜（瀾）	卷二	16	冷	卷一	6
ké				**kuān**		篮（籃）	卷四	30		**lí**	
咳（欬）	卷七	23	宽（寬）	卷七	2		**lǎn**		厘（釐）	卷七	15
kě				**kuǎn**		缆（纜）	卷三	15	狸	卷五	33
渴	卷七	23	款（欵）	卷七	11	榄（欖）	卷六	15	离（離）	卷五	16
				kuāng			**làn**		骊（驪）	卷五	35
			匡	卷二	35	烂（爛）	卷三	40	梨（棃）	卷六	15

犁	卷五	21	**lián**			**lìn**			笼（籠）	卷四	30
鹂（鸝）	卷五	25	练（練）	卷八	2	赁（賃）	卷八	19	隆	卷八	24
黎	卷四	14	恋（戀）	卷八	16	**líng**			**lǒng**		
篱（籬）	卷二	7	殓（殮）	卷七	26	灵（靈）	卷七	7	陇（隴）	卷二	5
藜	卷六	12	楝	卷六	20	苓	卷六	8	**lóu**		
蠡	卷六	33	**liáng**			囹	卷三	24	楼（樓）	卷二	22
lǐ			良	卷七	3	玲	卷八	26	蝼（螻）	卷六	38
礼（禮）	卷三	8	凉（涼）	卷一	6	铃（鈴）	卷四	12	**lòu**		
李	卷六	14	梁	卷一	24	陵	卷二	10	漏	卷一	7
里	卷二	3	踉	卷六	32	菱	卷六	17	**lú**		
娌	卷三	5	粮（糧）	卷五	19	翎	卷二	37	卢（盧）	卷四	14
理	卷三	21	**liǎng**			羚	卷五	36	芦（蘆）	卷六	7
鲤（鯉）	卷六	26	两（兩）	卷七	12	绫（綾）	卷四	15	庐（廬）	卷二	21
醴	卷三	38	**liàng**			零	卷七	13	炉（鑪）	卷四	35
lì			量	卷四	25	**lǐng**			鲈（鱸）	卷六	26
力	卷五	5	**liáo**			岭（嶺）	卷二	9	**lǔ**		
历（歷）	卷一	7	辽（遼）	卷一	15	领（領）	卷四	21	卤（鹵）	卷三	37
立	卷七	30	疗（療）	卷七	24	**lìng**			虏（虜）	卷三	29
利	卷七	11	聊	卷八	34	令	卷三	8	鲁（魯）	卷二	30
例	卷二	37	僚	卷二	37	**liū**			**lù**		
戾	卷八	30	潦	卷二	15	溜	卷二	16	陆（陸）	卷七	15
隶（隸）	卷三	26	**liǎo**			**liú**			鹿	卷五	32
荔	卷六	16	蓼	卷六	6	刘（劉）	卷二	32	禄（祿）	卷二	36
栎（櫟）	卷六	22	**liào**			留	卷八	9	盝	卷四	33
莉	卷六	2	料	卷八	14	硫	卷五	8	簶（籙）	卷七	7
栗	卷六	23	**liě**			旒	卷四	18	鹭（鷺）	卷五	27
砺（礪）	卷二	11	列	卷七	30	骝（騮）	卷五	35	露	卷一	2
蛎（蠣）	卷六	30	劣	卷八	7	榴	卷六	15	**lǘ**		
粒	卷五	18	**lín**			**liǔ**			驴（驢）	卷五	35
痢	卷七	24	邻（鄰）	卷二	4	柳	卷六	22	闾（閭）	卷二	3
lián			林	卷一	25	罶	卷七	8	**lǚ**		
奁（匲）	卷四	28	磷（燐）	卷五	8	**liù**			吕（呂）	卷二	30
怜（憐）	卷八	16	鳞（鱗）	卷六	25	六	卷七	13	旅	卷三	31
帘（簾）	卷四	29	麟	卷五	30	**lóng**			屡（屢）	卷八	29
莲（蓮）	卷六	3	**lǐn**			龙（龍）	卷六	25	缕（縷）	卷四	16
廉（廉）	卷七	4	廪（廩）	卷二	24	珑（瓏）	卷八	26	履	卷四	19
鲢（鰱）	卷六	28	懔（懍）	卷八	15	耆（礱）	卷五	22	**lǜ**		
						聋（聾）	卷七	25	律	卷三	16

绿（綠）	卷五	7		**mài**		煤	卷五	9		**miǎn**
	luán		麦（麥）	卷五	18		**měi**		黾（黽）	卷六	29
鸾（鸞）	卷五	23	卖（賣）	卷七	9	每	卷八	31	冕	卷四	18
脔（臠）	卷三	37	脉（脈）	卷四	1	美	卷一	28	缅（緬）	卷一	31
銮（鑾）	卷三	14		**mán**			**mèi**			**miàn**
	luǎn		蛮（蠻）	卷一	39	妹	卷三	5	面（麵）	卷三	35
卵	卷五	29	馒（饅）	卷三	36	昧	卷一	11		**miāo**
	luě		鳗（鰻）	卷六	28	袂	卷四	21	苗	卷五	20
掠	卷七	31		**mǎn**		寐	卷七	29		**miǎo**
略（畧）	卷八	23	蔓	卷六	4	魅	卷七	7	杪	卷六	19
	lún		幔	卷四	17		**mén**		眇	卷七	25
伦（倫）	卷三	6	慢	卷八	13	门（門）	卷二	25	秒	卷七	16
轮（輪）	卷五	1		**māng**			**mèn**		藐	卷八	24
	lùn		芒	卷五	4	闷（悶）	卷八	12	邈	卷八	25
论（論）	卷七	17	盲	卷七	25		**méng**			**miào**
	luó		氓	卷七	9	萌	卷六	2	庙（廟）	卷二	19
罗（羅）	卷四	15		**mǎng**		蒙	卷一	26		**miè**
萝（蘿）	卷六	8	莽	卷六	4	盟	卷三	9	灭（滅）	卷三	29
锣（鑼）	卷三	19	蟒	卷四	19		**měng**		蔑	卷八	32
箩（籮）	卷五	22		**māo**		锰（錳）	卷五	9		**mín**
骡（騾）	卷五	35	猫（貓）	卷五	37	蜢	卷六	34	民	卷七	9
螺	卷五	15		**máo**		蠓	卷六	40	岷	卷二	10
	luǒ		毛	卷四	8		**mèng**			**mǐn**
洛	卷二	14	矛	卷三	32	孟	卷二	29	闵（閔）	卷二	29
络（絡）	卷四	16	茅	卷六	9	梦（夢）	卷七	29	闽（閩）	卷一	18
骆（駱）	卷五	33	锚（錨）	卷三	15		**mí**			**míng**
落	卷六	4	蝥	卷六	33	迷	卷八	21	明	卷一	5
				mǎo		糜	卷五	32	鸣（鳴）	卷五	29
	M		卯	卷一	9	靡	卷八	30	茗	卷六	10
	mǎ			**mào**			**mǐ**		冥	卷七	27
马（馬）	卷五	35	冒	卷八	18	米	卷五	19	铭（銘）	卷三	25
	mà		贸（貿）	卷七	10		**mì**		螟	卷六	34
骂（罵）	卷七	21	帽	卷四	19	觅（覓）	卷七	33		**miù**
	mái			**méi**		秘（祕）	卷一	38	谬（謬）	卷八	7
埋	卷七	27	枚	卷六	19	密	卷八	24		**mó**
	mǎi		眉	卷四	2	蜜	卷六	34	谟（謨）	卷三	24
买（買）	卷七	9	梅	卷六	14		**mián**		摹	卷七	32
			楣	卷二	25	绵（綿）	卷四	15	膜	卷四	9

摩	卷七	32
磨	卷五	22
魔	卷七	7

mò

茉	卷六	2
陌	卷二	4
莫	卷八	32
漠	卷二	8
墨	卷一	39
默	卷七	19

móu

牟	卷五	17
眸	卷四	2
谋（謀）	卷七	17

mǒu

| 某 | 卷八 | 1 |

mǔ

母	卷三	3
牡	卷五	37
亩（畝）	卷二	4

mù

目	卷四	2
沐	卷七	28
牧	卷七	9
墓	卷七	27
幕	卷二	22
慕	卷八	11
穆	卷二	32

N

ná

| 拿 | 卷三 | 24 |

nà

| 那 | 卷一 | 37 |
| 衲 | 卷四 | 21 |

nǎi

| 乃 | 卷八 | 33 |

nài

| 奈 | 卷八 | 36 |
| 耐 | 卷八 | 15 |

nán

男	卷三	1
南	卷一	13
难（難）	卷八	28
楠（枏）	卷六	21

náng

| 囊 | 卷四 | 26 |

nǎo

脑（腦）	卷四	9
瑙	卷五	11
硇	卷五	11

nè

| 讷（訥） | 卷七 | 19 |

něi

| 馁（餒） | 卷三 | 39 |

néng

| 能 | 卷五 | 6 |

ní

| 尼 | 卷七 | 6 |
| 泥 | 卷二 | 7 |

nǐ

| 拟（擬） | 卷八 | 14 |
| 你 | 卷八 | 1 |

nì

| 溺 | 卷七 | 27 |

nián

| 年 | 卷一 | 6 |
| 黏 | 卷五 | 2 |

niǎn

| 辇（輦） | 卷三 | 14 |

niàn

| 廿 | 卷七 | 15 |
| 念 | 卷八 | 15 |

niáng

| 娘 | 卷三 | 3 |

niàng

| 酿（釀） | 卷三 | 38 |

niǎo

| 鸟（鳥） | 卷五 | 23 |

niē

| 捏 | 卷七 | 32 |

niè

| 臬 | 卷二 | 34 |
| 镊（鑷） | 卷四 | 37 |

níng

| 凝 | 卷五 | 2 |

nìng

| 佞 | 卷七 | 22 |

niú

| 牛 | 卷五 | 36 |

niǔ

| 钮（鈕） | 卷四 | 25 |

nóng

| 农（農） | 卷五 | 16 |
| 浓（濃） | 卷五 | 2 |

nòng

| 弄 | 卷七 | 33 |

nòu

| 耨 | 卷五 | 20 |

nú

奴	卷三	7
孥	卷三	4
驽（駑）	卷五	35

nǔ

| 弩 | 卷三 | 32 |

nù

| 怒 | 卷八 | 13 |

nuǎn

| 暖 | 卷一 | 6 |

nüè

| 疟（瘧） | 卷七 | 24 |

nuò

| 诺（諾） | 卷七 | 19 |

| 糯（稬） | 卷五 | 18 |

nǚ

| 女 | 卷三 | 1 |

O

ōu

讴（謳）	卷七	20
欧（歐）	卷一	27
殴（毆）	卷八	6
鸥（鷗）	卷五	27

ǒu

呕（嘔）	卷七	23
耦	卷五	21
藕	卷六	17

P

pā

| 葩 | 卷六 | 3 |

pá

| 杷 | 卷六 | 15 |
| 琶 | 卷三 | 18 |

pà

| 帕 | 卷四 | 21 |

pái

| 排 | 卷七 | 33 |

pài

| 派 | 卷二 | 16 |

pān

| 潘 | 卷二 | 31 |
| 攀 | 卷七 | 32 |

pán

| 盘（盤） | 卷四 | 34 |

pàn

判	卷三	20
泮	卷二	20
畔	卷二	6

páng

| 旁 | 卷一 | 11 |

pàng

胖　　卷七　30

pāo

抛（抛）　卷五　6

脬　　卷四　5

páo

庖　　卷二　24

袍　　卷四　21

袍（褒）　卷七　31

匏　　卷四　34

pào

泡　　卷二　16

炮（砲）　卷三　34

péi

培　　卷五　21

pèi

佩　　卷四　25

配　　卷三　7

斾（旆）　卷三　31

辔（轡）　卷四　38

pén

盆　　卷四　34

pēng

烹　　卷三　40

péng

彭　　卷二　31

蓬　　卷六　12

硼　　卷五　10

鹏（鵬）　卷五　26

澎　　卷二　15

篷　　卷三　15

pī

批　　卷七　11

披　　卷七　33

砒（磇）　卷五　11

劈　　卷五　6

pí

皮　　卷四　9

枇　　卷六　15

毗　　卷五　16

疲　　卷七　30

琵　　卷三　18

脾　　卷四　6

鼙　　卷三　17

pǐ

匹　　卷三　7

pì

辟　　卷二　33

辟（闢）　卷八　22

僻　　卷八　7

譬　　卷七　18

pián

骈（駢）　卷三　14

piàn

片　　卷七　16

piāo

瓢　　卷四　34

piào

票　　卷七　12

pín

频（頻）　卷八　29

pǐn

品　　卷二　36

pìn

牝　　卷五　37

聘　　卷二　35

píng

平　　卷五　14

评（評）　卷七　18

屏　　卷二　26

瓶　　卷四　34

萍　　卷六　6

pō

坡　　卷二　10

颇（頗）　卷八　29

pó

婆　　卷三　4

pò

迫　　卷八　28

珀　　卷五　11

pū

扑　　卷三　23

pú

仆（僕）　卷三　6

菩　　卷七　6

脯　　卷三　37

葡　　卷一　37

蒲　　卷六　6

pǔ

圃　　卷二　5

浦　　卷二　15

普　　卷八　24

溥　　卷八　26

pù

瀑　　卷二　11

Q

qī

七　　卷七　13

妻　　卷三　4

柒　　卷七　15

桼　　卷六　20

戚　　卷三　1

期　　卷一　6

qí

齐（齊）　卷一　20

奇　　卷五　3

歧　　卷二　8

荠（薺）　卷六　12

脐（臍）　卷四　4

淇　　卷二　14

骑（騎）　卷三　16

棋　　卷四　26

旗（旂）　卷三　34

蕲（蘄）　卷六　9

麒　　卷五　30

qǐ

岂（豈）　卷八　32

企　　卷八　2

杞　　卷六　22

起　　卷七　29

qì

气（氣）　卷一　4

讫（訖）　卷八　18

汽　　卷五　1

契　　卷七　12

砌　　卷二　26

器　　卷四　27

qiǎ

恰　　卷八　33

qiān

千　　卷七　14

阡　　卷二　4

铅（鉛）　卷五　11

签（籤）　卷四　36

愆　　卷八　7

qián

前　　卷一　10

虔　　卷八　15

钱（錢）　卷三　12

黔　　卷一　24

qiǎn

浅（淺）　卷八　29

遣　　卷八　3

qiàn

欠　　卷七　10

芡　　卷六　18

歉　　卷八　15

qiāng

羌　　卷一　39

枪（槍）　卷三　33

蜣　　卷六　31

qiǎng
强　　卷五　9
墙（牆）卷二　26

qiǎng
抢（搶）卷八　5

qiáo
乔（喬）卷六　23
荞（蕎）卷六　9
桥（橋）卷二　7
樵　　卷七　9

qiǎo
诮（誚）卷七　20
翘（翹）卷五　30

qié
茄　　卷六　12

qiě
且　　卷八　32

qiè
妾　　卷三　4
怯　　卷八　16
窃（竊）卷八　5
惬（愜）卷八　11

qīn
侵　　卷三　28
亲（親）卷三　1
衾　　卷四　17

qín
芹　　卷六　12
芩　　卷六　5
秦　　卷一　21
琴　　卷三　17
禽　　卷五　23
擒　　卷三　24

qīng
青　　卷四　13
轻（輕）卷五　7
卿　　卷二　34
清　　卷一　14

蜻　　卷六　32

qíng
情　　卷八　11
晴　　卷一　5

qǐng
请（請）卷七　22

qìng
庆（慶）卷三　9
磬　　卷三　18

qióng
穷（窮）卷七　5
琼（瓊）卷一　23
蛩　　卷六　33

qiū
邱　　卷二　12
秋　　卷一　7
鳅（鰍）卷六　27

qiú
囚　　卷三　21
虬　　卷六　25
酋　　卷八　5
球　　卷二　1
裘　　卷四　21
蝤　　卷六　35

qū
驱（驅）卷四　38
蛆　　卷六　40
躯（軀）卷四　10

qú
渠　　卷二　13
蠼（蠷）卷六　39

qǔ
曲　　卷五　14

qū
曲（麴）卷三　38

qǔ
取　　卷七　31

qù
去　　卷八　4

quán
权（權）卷四　36
全　　卷五　13
泉　　卷二　15
痊　　卷七　24

quǎn
犬　　卷五　36

quàn
劝（勸）卷七　22

què
却（卻）卷八　18
悫（愨）卷七　4
雀　　卷五　23
舃　　卷四　19
鹊（鵲）卷五　28
阙（闕）卷二　18

qūn
囷　　卷四　36

qún
裙（裠）卷四　17

R

rán
然　　卷八　33
髯　　卷四　10

rǎn
冉　　卷二　29

rǎng
壤　　卷二　4
攘　　卷七　31

ràng
让（讓）卷七　4

rǎo
扰（擾）卷八　16

rè
热（熱）卷五　2

rén
人　　卷二　28
壬　　卷一　8
仁　　卷七　4

rèn
刃　　卷三　33
任　　卷二　38
衽　　卷四　17

réng
仍　　卷八　34

rì
日　　卷一　1

róng
戎　　卷一　39
荣（榮）卷七　3
绒（絨）卷四　15
蓉　　卷六　3

róu
肉　　卷四　10

rú
茹　　卷六　12
儒　　卷三　2

rǔ
汝　　卷八　1
乳　　卷四　8
辱　　卷八　13

rù
入　　卷八　4
褥　　卷四　17

ruǎn
阮　　卷二　31

ruǐ
蕊　　卷六　2
蕋（蘂）卷六　2
蚋（蜹）卷六　40

ruì
瑞　　卷一　36

rùn
闰（閏）　　卷一　6

ruò
若　　　　卷八　30
弱　　　　卷七　30

S

sā
撒　　　　卷五　20

sǎ
卅　　　　卷七　15
萨（薩）　卷七　6

sāi
塞　　　　卷二　8

sài
赛（賽）　卷七　11

sān
三　　　　卷七　13
叁　　　　卷七　14

sǎn
伞（傘）　卷四　29

sàn
散　　　　卷五　5

sāng
桑　　　　卷六　23

sǎng
颡（顙）　卷四　10

sàng
丧（喪）　卷七　26

sāo
骚（騷）　卷三　25
缫（繅）　卷四　16

sǎo
扫（掃）　卷七　32
嫂　　　　卷三　5

sè
色　　　　卷四　13
瑟　　　　卷三　17

稽（稽）　卷五　21

sēn
森　　　　卷六　19

sēng
僧　　　　卷七　6

shā
杀（殺）　卷三　22
沙　　　　卷二　8
纱（紗）　卷四　15
鲨（鯊）　卷六　27

shǎ
厦　　　　卷二　22

shāi
筛（篩）　卷五　22

shān
山　　　　卷二　9
芟　　　　卷五　21
杉　　　　卷六　20
衫　　　　卷四　20
珊　　　　卷三　11

shǎn
闪（閃）　卷五　2
陕（陝）　卷一　21

shàn
扇　　　　卷四　29
善　　　　卷七　3
擅　　　　卷八　21
膳　　　　卷三　36
赡（贍）　卷八　17
鳝（鱔）　卷六　28

shāng
伤（傷）　卷八　12
殇（殤）　卷七　27
商　　　　卷七　9
觞（觴）　卷四　33

shǎng
赏（賞）　卷三　8

shàng
上　　　　卷一　10
尚　　　　卷八　30

shang
裳　　　　卷四　20

shāo
烧（燒）　卷三　40

sháo
勺　　　　卷四　32
芍　　　　卷六　3
韶　　　　卷三　16

shǎo
少　　　　卷七　12

shào
邵　　　　卷二　32

shē
赊（賒）　卷七　10

shé
舌　　　　卷四　2
蛇　　　　卷六　26

shě
舍　　　　卷二　21

shè
设（設）　卷八　33
社　　　　卷二　19
射　　　　卷四　11
涉　　　　卷八　3
赦　　　　卷三　20
麝　　　　卷五　33

shēn
申　　　　卷一　9
伸　　　　卷七　29
身　　　　卷四　1
绅（紳）　卷四　25
深　　　　卷八　29

shén
神　　　　卷七　6

shěn
沈　　　　卷二　30
审（審）　卷三　22
婶（嬸）　卷三　3

shèn
肾（腎）　卷四　5
蜃　　　　卷六　30

shēng
升　　　　卷四　36
陞（陞）　卷二　38
生　　　　卷三　7
牲　　　　卷五　30
笙　　　　卷三　19
甥　　　　卷三　6

shéng
绳（繩）　卷四　26

shěng
省　　　　卷一　25

shèng
圣（聖）　卷七　1
胜（勝）　卷三　29
盛　　　　卷八　24
剩（賸）　卷八　18

shī
尸　　　　卷七　26
尸（屍）　卷七　27
失　　　　卷八　17
诗（詩）　卷三　25
鸤（鳲）　卷五　24
虱（蝨）　卷六　38
狮（獅）　卷五　31
蓍　　　　卷六　7

shí
十　　　　卷七　14
石　　　　卷二　11
时（時）　卷一　6
识（識）　卷八　14
拾　　　　卷七　15

食	卷三	35	首	卷四	10	**shuǎi**			肆	卷七	14

食　　卷三　35
蚀（蝕）　卷一　4
鲥（鰣）　卷六　27

shǐ

矢　　卷三　31
豕　　卷五　37
使　　卷三　6
始　　卷八　20

shì

士　　卷七　1
氏　　卷二　28
示　　卷三　9
仕　　卷二　36
市　　卷二　3
式　　卷四　25

sì

似　　卷八　34

shì

事　　卷八　21
侍　　卷八　8
饰（飾）　卷四　12
试（試）　卷八　19
视（視）　卷七　30
柿　　卷六　15
是　　卷八　35
恃　　卷八　9
室　　卷二　27
逝　　卷八　8
轼（軾）　卷三　14
嗜　　卷八　14
筮　　卷四　11
噬　　卷七　23
螫　　卷六　40

shōu

收　　卷五　21

shǒu

手　　卷四　4
守　　卷三　28

首　　卷四　10

shǒu

寿（壽）　卷七　5
狩　　卷二　37
售　　卷七　10
兽（獸）　卷五　30
绶（綬）　卷四　17
瘦　　卷七　30

shū

书（書）　卷三　25
枢（樞）　卷二　25
叔　　卷三　3
殊　　卷八　34
菽　　卷五　17
梳　　卷四　24
淑　　卷七　2
疏　　卷三　6
蔬　　卷六　11

shú

秫　　卷五　17
孰　　卷八　35
塾　　卷二　20
熟　　卷三　40

shǔ

暑　　卷一　12
黍　　卷五　17
属（屬）　卷二　35
署　　卷二　22
蜀　　卷一　22
鼠　　卷五　37

shù

术（術）　卷四　11
戍　　卷三　30
述　　卷七　22
树（樹）　卷六　18
恕　　卷七　2
庶（庶）　卷三　4
数（數）　卷一　13

shuài

帅（帥）　卷三　30
蟀　　卷六　37

shuāng

双（雙）　卷七　13
霜　　卷一　2

shuǐ

水　　卷二　13

shuì

睡　　卷七　29

shùn

顺（順）　卷一　15
舜　　卷二　28

shuō

说（說）　卷七　17

shuò

朔　　卷一　5
硕（碩）　卷八　24

sī

司　　卷二　35
丝（絲）　卷四　15
私　　卷八　15
斯　　卷八　35
蛳（螄）　卷六　31

sǐ

死　　卷七　26

sì

巳　　卷一　9
四　　卷七　13
寺　　卷二　23
兕　　卷五　32
祀　　卷三　9
泗　　卷二　14
驷（駟）　卷四　38
俟　　卷八　19
姒　　卷三　5
耜　　卷五　20
笥　　卷四　30

肆　　卷七　14

sōng

松　　卷六　21
菘　　卷六　11
淞　　卷二　15
嵩　　卷二　9

sǒng

悚　　卷八　13

sòng

讼（訟）　卷三　20
宋　　卷二　31
送　　卷八　9
颂（頌）　卷三　25

sōu

搜　　卷三　23

sǒu

叟　　卷三　2
薮（藪）　卷二　6

sòu

嗽　　卷七　23

sū

苏（蘇）　卷一　16
酥　　卷三　38

sù

诉（訴）　卷八　6
肃（肅）　卷一　21
素　　卷四　13
速　　卷五　6
粟　　卷五　18

suān

酸　　卷五　9

suàn

蒜　　卷六　11
算　　卷五　12

suī

虽（雖）　卷八　34

suí

随（隨）　卷三　7

suì

岁(歲)　卷一　6
崇　卷七　7
遂　卷二　4

sūn

孙(孫)　卷三　4
飧　卷三　35

sǔn

损(損)　卷八　28
笋(筍)　卷六　13

suō

缩(縮)　卷五　1

suǒ

所　卷八　31
索　卷四　32
琐(瑣)　卷八　27
锁(鎖)　卷四　26

T

tā

他　卷八　1

tǎ

塔　卷二　23
獭(獺)　卷五　32

tà

挞(撻)　卷三　23
榻　卷四　28
蹋　卷八　3

tāi

胎　卷四　8

tái

台(臺)　卷二　22
苔　卷六　5
薹(薹)　卷六　12

tài

泰　卷二　9

tān

滩(灘)　卷二　12
瘫(癱)　卷七　25

tán

坛(壇)　卷二　21
谈(談)　卷七　17
檀　卷六　20

tǎn

坦　卷八　27
毯　卷四　29

tàn

炭　卷五　10
探　卷七　33

tāng

汤(湯)　卷二　29

táng

饧(餳)　卷三　39
唐　卷二　28
堂　卷二　19
棠　卷六　18
塘　卷二　17
糖(餹)　卷三　39
螳　卷六　32

tǎng

傥(儻)　卷八　33

tāo

涛(濤)　卷二　16
韬(韜)　卷三　32

táo

逃　卷三　29
桃　卷六　14
萄　卷六　16

tǎo

讨(討)　卷三　28

tè

特　卷八　31

téng

滕　卷二　31
腾　卷六　34
藤　卷六　8

tī

梯　卷二　25
锑(銻)　卷五　8

tí

提　卷七　31
啼　卷七　21
蹄(蹏)　卷五　30

tì

惕　卷八　15

tiān

天　卷一　1

tián

田　卷二　4
恬　卷六　12
甜　卷三　41

tiáo

条(條)　卷六　19
调(調)　卷七　20

tiào

粜(糶)　卷七　11
跳　卷八　3

tiē

帖　卷三　27

tiě

铁(鐵)　卷五　8

tīng

厅(廳)　卷二　2
听(聽)　卷七　30

tíng

廷　卷二　18
亭　卷二　22
庭　卷二　22
停　卷八　17
蜓　卷六　32
霆　卷一　3

tǐng

挺　卷八　25
梃　卷三　22

tōng

通　卷八　22

tóng

桐　卷六　20
蚵　卷六　26
铜(銅)　卷五　10
童　卷三　2
僮　卷三　6
潼　卷二　15
瞳　卷四　2

tǒng

桶　卷四　32
筒(筩)　卷四　31

tòng

痛　卷七　24

tōu

偷　卷八　5

tóu

头(頭)　卷四　9

tū

凸　卷五　3
秃(禿)　卷七　25

tú

图(圖)　卷三　26
荼　卷六　10
途(塗)　卷二　7
屠　卷七　9

tǔ

土　卷一　32
吐　卷七　23

tù

兔　卷五　34
菟　卷六　8

tuán

团(糰)　卷三　36

tuī

推　卷七　33

	tuǐ		碗（椀）	卷四	33	尉	卷二	35	
腿	卷四	7		**wàn**		渭	卷二	14	
	tuì		万（萬）	卷七	14	慰	卷八	11	
退	卷八	4	腕	卷四	5	魏	卷二	31	
	tūn			**wáng**			**wēn**		
吞	卷七	23	亡	卷七	7	温（溫）	卷一	6	
	tún		王	卷二	33		**wén**		
囤	卷四	36		**wǎng**		文	卷三	24	
饨（飩）	卷三	36	网（網）	卷七	8	蚊（蟲）	卷六	35	
豚	卷五	37	枉	卷三	20		**wěn**		
臀	卷四	7	往	卷八	4	稳（穩）	卷八	26	
	tuō			**wàng**			**wèn**		
托（託）	卷五	16	妄	卷八	7	问（問）	卷七	18	
	tuó		忘	卷八	16		**wēng**		
驼（駝）	卷五	33	望	卷一	5	翁	卷三	3	
柁	卷三	15		**wēi**			**wèng**		
橐	卷四	26	微	卷五	13	瓮（甕）	卷四	32	
	tuǒ		薇	卷六	13		**wō**		
妥	卷八	26	巍	卷八	26	倭	卷一	29	
椭（橢）	卷五	14		**wéi**		蜗（蝸）	卷六	30	
	tuò		为（為）	卷八	9		**wǒ**		
拓	卷七	33	违（違）	卷八	8	我	卷八	1	
柝	卷四	31	围（圍）	卷三	28		**wò**		
唾	卷七	21	闱（闈）	卷二	21	卧	卷七	29	
箨（籜）	卷六	25	唯	卷七	19	握	卷七	31	
			帷	卷四	28		**wū**		
			惟	卷八	32	乌（烏）	卷五	24	
	W			**wěi**		巫	卷四	12	
	wā		伟（偉）	卷七	1	屋	卷二	27	
蛙（鼃）	卷六	29	苇（葦）	卷六	7		**wú**		
	wān		纬（緯）	卷一	13	无（無）	卷八	32	
湾（灣）	卷二	14	萎	卷六	19	毋	卷八	31	
	wán			**wèi**		芜（蕪）	卷六	4	
完	卷八	18	卫（衛）	卷二	32	吾	卷八	1	
玩	卷七	33	未	卷一	9	吴（吳）	卷一	16	
	wǎn		位	卷二	36	梧	卷六	21	
菀	卷六	7	味	卷三	41	蜈	卷六	35	
晚	卷一	12	胃	卷四	6				
皖	卷一	16							

	wǔ	
五	卷七	13
午	卷一	9
伍	卷三	30
庑（廡）	卷二	19
忤	卷八	6
武	卷二	29
侮	卷八	6
鹉（鵡）	卷五	24
舞	卷三	16
	wù	
戊	卷一	8
务（務）	卷八	21
物	卷五	12
悟	卷八	14
雾（霧）	卷一	3

	X	
	xī	
兮	卷八	36
西	卷一	13
吸	卷五	5
汐	卷一	12
希	卷一	32
奚	卷八	35
悉	卷八	31
惜	卷八	16
稀	卷八	24
犀	卷五	31
锡（錫）	卷五	11
溪	卷二	13
膝	卷四	7
蟋	卷六	37
	xí	
习（習）	卷五	30
席	卷三	12
袭（襲）	卷四	20
媳	卷三	4

隰	卷二 5	薛（薛） 卷六 4	硝 卷五 9

xǐ

洗	卷七 28
玺（璽）	卷三 10
喜	卷五 10
蟢	卷六 40

xì

系	卷三 1
系（繫）	卷三 23
细（細）	卷八 23

xiā

| 鰕 | 卷六 29 |

xiá

匣	卷四 30
狎	卷八 6
峡（峽）	卷二 12
狭（狹）	卷八 23
遐	卷八 22
瑕	卷三 11
暇	卷八 20
霞	卷一 3

xià

| 下 | 卷一 10 |
| 夏 | 卷一 7 |

xiān

仙	卷七 6
籼（秈）	卷五 18
鲜（鮮）	卷四 14
暹	卷一 30

xián

贤（賢）	卷七 1
弦	卷一 5
咸（鹹）	卷三 41
衔（銜）	卷二 37

xiǎn

显（顯）	卷五 4
险（險）	卷二 8
蚬（蜆）	卷六 31

xiàn

苋（莧）	卷六 13
县（縣）	卷二 2
限	卷二 8
线（線）	卷五 15
宪（憲）	卷二 34
羡	卷八 11

xiāng

乡（鄉）	卷二 3
相	卷二 34
香	卷三 41
厢（廂）	卷二 21
湘	卷一 19
箱	卷四 30
襄	卷二 35

xiáng

详（詳）	卷八 23
庠	卷二 20
祥	卷七 3
翔	卷五 30

xiǎng

饷（餉）	卷三 37
飨（饗）	卷三 9
鲞（鮝）	卷六 26

xiàng

向	卷五 16
项（項）	卷四 10
巷	卷二 3
象	卷五 31
像	卷五 2
橡	卷六 23

xiāo

肖	卷八 18
枭（梟）	卷五 27
逍	卷八 20
鸮（鴞）	卷五 27
萧（蕭）	卷六 7

硝	卷五 9
箫（簫）	卷三 18
嚣（囂）	卷七 18

xiǎo

小	卷三 2
晓（曉）	卷一 12
筱（篠）	卷六 25

xiào

孝	卷七 2
校	卷二 20
笑	卷七 20
效	卷八 20
啸（嘯）	卷七 21

xiē

| 蝎（蠍） | 卷六 36 |

xié

协（協）	卷二 35
邪	卷八 7
胁（脅）	卷四 4
斜	卷五 6
携（攜）	卷七 31
鞋（鞵）	卷四 20

xiè

卸	卷八 19
亵（褻）	卷四 17
谢（謝）	卷七 22
薤	卷六 11
懈	卷八 16
蟹	卷六 31

xīn

心	卷四 6
辛	卷一 8
欣	卷八 11
锌（鋅）	卷五 11
新	卷一 22
薪	卷六 4

xìn

| 信 | 卷七 2 |

xīng

星	卷一 1
猩	卷五 34
腥	卷三 41

xíng

| 刑 | 卷三 20 |
| 形 | 卷五 15 |

xǐng

| 醒 | 卷三 39 |

xìng

杏	卷六 14
幸	卷八 11
性	卷八 11
姓	卷二 28

xiōng

凶	卷八 30
兄	卷三 5
胸	卷四 4

xióng

| 雄 | 卷五 29 |
| 熊 | 卷五 32 |

xiū

脩	卷三 36
羞	卷八 13
馐（饈）	卷三 36

xiǔ

| 宿 | 卷一 2 |

xiù

秀	卷五 19
绣（繡）	卷四 22
褎	卷四 19

xū

戌	卷一 9
吁	卷七 21
虚（虛）	卷八 27
墟	卷二 5
需	卷八 19

xú			xūn			彦（彦）	卷七	1	鹬（鷸）	卷五	27
徐	卷八	28	训（訓）	卷三	24	喑	卷七	26	**yē**		
xǔ			讯（訊）	卷三	22	谚（諺）	卷七	20	耶	卷八	36
许（許）	卷七	22	迅	卷八	28	雁	卷五	26	**yě**		
xù			徇	卷七	27	焰（燄）	卷七	6	也	卷八	36
序	卷二	20	蕈	卷六	13	餍（饜）	卷三	39	野	卷二	7
洫	卷二	17				燕	卷五	28	**yè**		
恤	卷八	16	**Y**			**yāng**			叶（葉）	卷六	1
婿（壻）	卷三	6	**yā**			央	卷一	11	夜	卷一	7
蓄	卷八	19	压（壓）	卷五	5	鸯（鴦）	卷五	25	液	卷四	1
xuān			鸦（鴉）	卷五	28	秧	卷五	20	**yī**		
轩（軒）	卷二	22	鸭（鴨）	卷五	28	鞅	卷四	38	一	卷七	13
宣	卷七	18	**yá**			**yáng**			伊	卷八	1
萱	卷六	7	牙	卷四	2	扬（揚）	卷七	33	衣	卷四	18
喧	卷七	19	芽	卷六	1	羊	卷五	36	医（醫）	卷四	11
xuán			涯	卷二	14	杨（楊）	卷六	22	揖	卷七	34
玄	卷四	13	衙	卷二	22	洋	卷二	13	壹	卷七	14
旋	卷五	15	**yǎ**			**yǎng**			噫	卷七	21
xuǎn			亚（亞）	卷一	27	仰	卷七	34	**yí**		
选（選）	卷二	38	讶（訝）	卷七	21	养（養）	卷五	7	仪（儀）	卷一	12
xuàn			迓	卷八	22	**yàng**			夷	卷一	39
绚（絢）	卷四	14	**yān**			样（樣）	卷四	25	沂	卷二	15
xuē			咽	卷四	10	恙	卷七	24	饴（飴）	卷三	39
靴（鞾）	卷四	20	焉	卷八	36	**yāo**			姨	卷三	5
薛	卷二	31	**yán**			夭	卷七	5	颐（頤）	卷四	10
xué			严（嚴）	卷七	4	妖	卷七	7	疑	卷八	15
穴	卷二	10	言	卷七	17	腰	卷四	7	彝	卷三	12
学（學）	卷二	20	岩（巖）	卷二	10	邀	卷八	8	**yǐ**		
xuě			沿	卷二	17	**yáo**			乙	卷一	8
雪	卷一	2	盐（鹽）	卷五	8	爻	卷三	26	已	卷八	36
xuè			阎（閻）	卷二	32	尧（堯）	卷二	28	以	卷八	31
血	卷四	10	颜	卷二	29	肴	卷三	36	矣	卷八	36
xūn			檐	卷二	25	轺（軺）	卷三	14	蚁（蟻）	卷六	39
勋（勳）	卷三	29	**yǎn**			姚	卷二	31	倚	卷七	29
熏	卷三	41	兖（兗）	卷一	20	谣（謠）	卷七	20	椅	卷四	28
xún			眼	卷四	2	**yào**			**yì**		
巡	卷三	30	**yàn**			药（藥）	卷六	3	义	卷七	1
荀	卷二	32	砚（硯）	卷三	12	钥（鑰）	卷四	26	弋	卷四	11

亿（億）　卷七　14
义（義）　卷一　36
艺（藝）　卷四　11
刈　卷五　20
忆（憶）　卷八　14
议（議）　卷七　17
亦　卷八　33
异（異）　卷八　25
抑　卷八　33
邑　卷二　4
役　卷三　6
易　卷三　26
佾　卷三　16
诣（詣）　卷八　8
驿（驛）　卷二　7
奕　卷四　12
疫　卷七　24
益　卷八　20
埸　卷二　5
肆　卷八　20
裔　卷三　1
缢（縊）　卷七　27
毅　卷七　1
薏　卷六　18
翼　卷五　29

yīn
因　卷八　33
荫（蔭）　卷六　19
姻　卷三　1
殷　卷二　29
瘖　卷七　25

yín
吟　卷七　20
银（銀）　卷五　8
寅　卷一　9
蟫　卷六　39

yǐn
尹　卷二　34

引　卷二　38
饮（飲）　卷三　35
蚓　卷六　36
隐（隱）　卷八　17

yìn
印　卷一　31

yīng
英　卷一　34
莺（鶯）　卷五　25
婴（嬰）　卷三　2
缨（纓）　卷四　18
樱（櫻）　卷六　14
鹦（鸚）　卷五　24
膺　卷四　4
鹰（鷹）　卷五　26

yíng
迎　卷八　9
萤（螢）　卷六　34
楹　卷二　26
蝇（蠅）　卷六　34
赢（贏）　卷七　11
瀛　卷二　13

yǐng
颍（潁）　卷二　14
影　卷五　4

yìng
硬　卷八　26

yōng
佣（傭）　卷三　7
拥（擁）　卷七　31
墉　卷二　26
雍　卷八　29
鳙（鱅）　卷六　27
饔　卷三　35

yǒng
永　卷八　24
蛹　卷六　34

yòng
用　卷二　38

yōu
攸　卷八　35
忧（憂）　卷八　12
幽　卷八　24
悠　卷八　25

yóu
邮（郵）　卷二　7
犹（猶）　卷八　34
油　卷三　38
莸（蕕）　卷六　9
游　卷八　29
蝣　卷六　33

yǒu
有　卷八　32
酉　卷一　9
莠　卷六　8
牖　卷二　25

yòu
又　卷八　34
右　卷一　10
囿　卷二　5
宥　卷三　20
诱（誘）　卷七　22

yū
淤　卷八　29

yú
于（於）　卷八　32
余　卷八　1
盂　卷四　34
鱼（魚）　卷六　28
竽　卷三　19
俞　卷二　32
谀（諛）　卷七　22
娱（娛）　卷八　20
渔（漁）　卷七　8
隅　卷二　6

瑜　卷三　11
榆　卷六　24
虞　卷二　28
舆（輿）　卷三　14
踰　卷八　2

yǔ
与（與）　卷七　31
屿（嶼）　卷二　9
宇　卷一　10
羽　卷五　29
雨　卷一　2
禹　卷二　28
语（語）　卷七　17
圉　卷三　24

yù
玉　卷三　11
驭（馭）　卷四　38
芋　卷六　13
妪（嫗）　卷三　6
郁（鬱）　卷六　5
育　卷三　7
狱（獄）　卷三　21
浴　卷七　28
域　卷二　1
欲　卷八　14
阈（閾）　卷二　21
谕（諭）　卷三　9
遇　卷八　4
御　卷四　12
御（禦）　卷三　28
寓　卷二　21
裕　卷八　25
豫　卷一　19
鹬　卷七　10

yuān
鸢（鳶）　卷五　27
鸳（鴛）　卷五　25
冤　卷三　20

渊（淵）	卷二	15	**yǔn**			澡	卷七	28	**zhāng**	
yuán			允	卷七	22	藻	卷六	6	张（張）	卷二	31
元	卷二	34	陨（隕）	卷七	24	**zào**			章	卷一	17
园（園）	卷二	5	**yùn**			灶（竈）	卷二	24	璋	卷三	10
员（員）	卷二	36	孕	卷三	7	造	卷八	8	樟	卷六	21
沅	卷一	19	运（運）	卷一	1	**zé**			**zhǎng**		
垣	卷二	26	愠	卷八	13	则（則）	卷八	34	长（長）	卷八	23
爰	卷八	32	蕴	卷八	15	泽（澤）	卷二	16	涨（漲）	卷五	2
袁	卷二	31	熨	卷四	22	**zéi**			掌	卷四	4
原	卷二	5				贼（賊）	卷八	5	**zhàng**		
圆（圓）	卷五	14	**Z**			**zēng**			丈	卷四	22
鼋（黿）	卷六	29	**zá**			增	卷八	20	仗	卷八	3
猿	卷五	32	杂（襍）	卷八	27	憎	卷八	9	杖	卷四	31
源	卷二	16	**zāi**			罾	卷七	8	帐（帳）	卷四	18
辕（轅）	卷三	16	灾（災）	卷一	6	**zèng**			瘴	卷七	24
yuǎn			哉	卷八	36	赠（贈）	卷二	36	**zhāo**		
远（遠）	卷五	3	栽	卷五	21	**zhà**			招	卷七	11
yuàn			**zǎi**			栅	卷二	27	昭	卷一	11
怨	卷八	12	载（載）	卷八	27	蛇	卷六	31	**zhǎo**		
院	卷二	23	宰	卷二	34	**zhāi**			爪	卷五	29
愿（願）	卷八	11	**zài**			斋（齋）	卷二	21	沼	卷二	17
yuè			再	卷七	13	摘	卷七	32	**zhào**		
月	卷一	1	**zān**			**zhái**			召	卷七	18
岳（嶽）	卷二	10	簪	卷四	26	宅	卷二	21	兆	卷七	14
钺（鉞）	卷三	33	**zàn**			**zhài**			诏（詔）	卷三	9
悦	卷八	11	赞（贊）	卷七	19	债（債）	卷七	10	赵（趙）	卷二	30
跃（躍）	卷五	5	**zàng**			**zhān**			照	卷一	5
越	卷一	17	脏（臟）	卷四	3	毡（氈）	卷四	29	肇	卷八	21
粤（粵）	卷一	23	葬	卷七	27	**zhǎn**			**zhé**		
yūn			**zāo**			斩（斬）	卷三	22	折	卷五	3
晕（暈）	卷一	4	遭	卷八	8	盏（盞）	卷四	33	折（摺）	卷七	12
yún			糟	卷三	38	展	卷七	33	哲	卷七	3
云（雲）	卷一	3	**záo**			**zhàn**			辙（轍）	卷三	14
匀	卷八	27	凿（鑿）	卷四	35	占	卷四	11	**zhě**		
芸	卷六	6	**zǎo**			栈（棧）	卷二	23	者	卷八	36
纭（紜）	卷八	28	早	卷一	12	战（戰）	卷三	28	褶	卷四	17
耘	卷五	16	枣（棗）	卷六	16	站（站）	卷八	2	**zhè**		
			蚤	卷六	38				浙	卷一	17

蔗	卷六	16	织(織)	卷四	16	钟(鐘)	卷三	17	**zhú**	
zhēn			祇	卷七	7	衷	卷八	11	竹 卷六 25	
贞(貞)	卷七	4	脂	卷四	8	螽	卷六	32	逐 卷八 8	
针(鍼)	卷四	22	蜘	卷六	36	**zhǒng**			烛(燭) 卷四 32	
珍	卷三	10	**zhí**			肿(腫)	卷七	24	**zhǔ**	
斟	卷八	10	直	卷一	15	种(種)	卷二	28	渚 卷二 15	
榛	卷六	24	侄	卷三	5	踵	卷四	7	煮 卷三 40	
zhěn			值	卷七	11	**zhòng**			麈 卷五 33	
枕	卷四	29	职(職)	卷二	37	仲	卷三	4	**zhù**	
zhèn			**zhǐ**			众(眾)	卷一	38	助 卷五 16	
阵(陣)	卷三	31	旨	卷三	41	重	卷五	5	杼 卷四 32	
振	卷八	21	址	卷二	27	**zhōu**			驻(駐) 卷三 30	
朕	卷八	1	芷	卷六	5	舟	卷三	15	柱 卷二 26	
震	卷一	3	纸(紙)	卷三	27	州	卷二	2	祝 卷三 9	
镇(鎮)	卷二	3	祉	卷七	3	周	卷二	29	蛀 卷六 37	
zhēng			指	卷四	4	洲	卷二	13	筑(築) 卷八 27	
争(爭)	卷八	6	趾	卷四	8	粥	卷三	35	翥 卷五 30	
征	卷三	28	**zhì**			**zhóu**			箸 卷四 33	
钲(鉦)	卷三	19	豸	卷五	34	妯	卷三	5	**zhuǎn**	
筝(箏)	卷三	17	制	卷三	8	轴(軸)	卷五	1	转(轉) 卷八 27	
蒸	卷三	40	质(質)	卷七	3	**zhǒu**			**zhuàn**	
zhěng			炙	卷三	41	肘	卷四	4	啭(囀) 卷七 21	
整	卷八	26	治	卷三	8	帚	卷四	24	篆 卷三 26	
zhèng			栉(櫛)	卷四	24	**zhòu**			馔(饌) 卷三 36	
正	卷一	11	陟	卷二	38	纣(紂)	卷二	29	**zhuāng**	
证(證)	卷七	18	桎	卷三	21	咒(呪)	卷七	21	妆(妝) 卷四 11	
郑(鄭)	卷二	30	秩	卷二	36	宙	卷一	10	庄(莊) 卷七 4	
政	卷三	8	鸷(鷙)	卷五	25	胄	卷三	34	装(裝) 卷八 27	
zhī			掷(擲)	卷五	5	昼(晝)	卷一	7	**zhuàng**	
之	卷八	35	窒	卷八	28	**zhū**			壮(壯) 卷七 5	
支	卷一	8	智	卷七	2	朱	卷四	13	状(狀) 卷八 18	
只	卷八	35	滞(滯)	卷八	27	诛(誅)	卷三	22	**zhuī**	
只(隻)	卷七	13	彘	卷五	37	珠	卷三	11	追 卷八 8	
汁	卷三	39	雉	卷五	25	株	卷六	18	椎 卷四 35	
芝	卷六	5	**zhōng**			诸(諸)	卷八	36	锥(錐) 卷四 37	
枝	卷六	18	中	卷一	11	铢(銖)	卷七	16	**zhuì**	
知	卷八	14	忠	卷七	4	猪	卷五	36	坠(墜) 卷五 6	
肢	卷四	8	终(終)	卷八	20	蛛	卷六	36		

zhūn

谆（諄）　　卷七　18

zhǔn

准　　　　　卷四　31

zhuō

捉　　　　　卷三　24
桌　　　　　卷四　27

zhuó

酌　　　　　卷三　39
啄　　　　　卷七　23
濯　　　　　卷七　28
镯（鐲）　　卷四　23

zī

咨　　　　　卷七　21
资（資）　　卷七　3
缁（緇）　　卷四　14

锱（錙）　　卷七　16

zǐ

子　　　　　卷一　9
姊　　　　　卷三　5
梓　　　　　卷六　21
紫　　　　　卷四　13

zì

自　　　　　卷八　1
字　　　　　卷三　24
胾　　　　　卷三　37

zōng

宗　　　　　卷三　3
棕（椶）　　卷六　20
踪（蹤）　　卷八　21

zòng

纵（縱）　　卷一　10

zōu

邹（鄒）　　卷二　30
緅　　　　　卷四　14

zǒu

走　　　　　卷七　34

zòu

奏　　　　　卷三　9

zū

菹　　　　　卷三　38

zú

足　　　　　卷四　7
卒　　　　　卷三　31
族　　　　　卷三　1

zǔ

阻　　　　　卷五　16
组（組）　　卷四　25

俎　　　　　卷三　13
祖　　　　　卷三　3

zuān

钻（鑽）　　卷四　37

zuì

罪　　　　　卷三　21

zūn

遵　　　　　卷八　8

zuǒ

左　　　　　卷一　10
佐　　　　　卷二　35

zuò

作　　　　　卷八　21
坐　　　　　卷七　29